JN237947

シンプルで愛しい
古裂(こぎれ)のバッグ
お気に入りの和布で自由に手づくり

渡部サト

河出書房新社

chapter 1
バッグは使うためにある

- 01　ファーと帯地のショルダー…05
- 02　飾り古裂のフェルトバッグ…06
- 03　ワンハンドルボルスター…07
- 04　絣とファーのリュック…08
- 05　ラウンドバッグ…09
- 06　丸ハンドルの手さげ…10
- 07　デニムの縦長トート…11
- 08　ベルトつきトートバッグ…12
- 09　大きな絣のポケットつき…13
- 10　ワークスタイルの親子バッグ…14-15

chapter 2
作って嬉しい　おでかけしよう

- 11　フリルとお花のアップリケ…17
- 12　コサージュつきピンクのミニドット…18
- 13　ヴィヴィッドなふんわりバッグ…19
- 14　絣のバゲットタイプ…20
- 15　レースつきがま口ポシェット…21
- 16　帯上げの変形がま口…21
- 17　ファンシープリーツのがま口…22
- 18　ギャザーのロングバケット…23
- 19　リボンでチェック…24
- 20　森林模様のボックスバッグ…25
- 21　マルチポーチ…25

CONTENTS

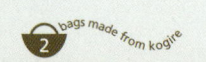

chapter 3
あなたも私もバッグ好き

22 サークルバッグ…27
23 黄色と黒のウールバッグ…28
24 スウェードを組み合わせた2ポケット…29
25 ビーズ刺しゅうの丸ハンドル…30
26 グラニー…31
27 ベビーがま口…31
28 花とグリーンの合皮…32
29 ショルダーボルスター…33
30 ベルトつきぺたんこショルダー…34
31 4つの水玉…35
32 タックの半円バッグ…36
33 紫のフラットバッグ…37

基本の用具と便利な道具…38-39

中袋のこと…40

古裂について…41

バッグ作りの基本…42-43
・製図と裁ち方
・接着芯
・まちの縫い方
・持ち手位置
・フォルム作り

ポイントレッスン…44-45
・内ポケット
・ファスナー
・まつり縫い
・返し縫い
・刺しゅうの種類
・ビーズのつけ方
・スパングルのつけ方

・地直し…46-47
・糸と針…61
・アイロンがけ…67

chapter 1
バッグは**使**うためにある

バッグを手づくりするのなら、どんどん使いこなしたい。
大きい荷物も重い荷物もへっちゃらの、頼れる相棒になってほしい。
「見た目はスマート力持ち」ここ肝心。

No.01
ファーと帯地のショルダー

主役はファー？それとも古裂？
愛用のショルダーをダブルキャストで作りました。
ファーのふたはあえて短かめ、
古裂がちらりとのぞく寸法です。
マニッシュな雰囲気なので、
男の人にも似合います。
肩ひもはDかんなどをつけて、
長さの調節ができるように
してもいいと思います。

how to>>>p.46-47

No.02
飾り古裂のフェルトバッグ
ギャザーを寄せた古裂がおもしろい表情の大きめバッグ。
くっきりとした配色で存在感も満点。
古裂はやわらかいものを選ぶとギャザーがきれいに寄せられます。
絣風のドット柄がキュートなフェルトとよく合います。
how to>>>p.48

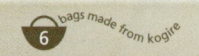

No.03
ワンハンドルボルスター

規則的に並んだ模様の古裂は、男物の羽織りだったのでしょうか？
シックな印象をそのままに、オフホワイトの合皮と合わせて、
シャープなボルスター型のバッグに仕上げました。
持ち出しつきなので、表からファスナーは見えないデザインです。

how to>>>p.49

No.04
絣とファーのリュック

古裂と合わせてみたかったのがファー素材。
モノトーン配色で、ワンショルダーのリュックを作りました。
涼し気な絣とモコモコのファー、シャープな合皮のコンビネーション、
新鮮な感じがして、好きです。
how to>>>p.50

No.05
ラウンドバッグ
古裂と合皮がパツンと2分割されたバッグが頭に浮かんで
できたのがこの丸いフォルム。
少しアレンジを加えた型紙で、立体感を出しました。
見た目よりも収納力があるのが頼もしいところ。
組み合わせによって、まったく違う表情が楽しめます。
how to>>>p.51

No.06
丸ハンドルの手さげ
丸ハンドルは手づくりバッグ永遠のアイテム、と思いませんか？
直線仕立てでもかわいらしいフォルムを作り出してくれるのは丸ハンドルならでは。
どこか懐かしさの漂う手さげに、
レースをたたいてほんの少しの甘さをプラスしました。
how to>>>p.52

No.07
デニムの縦長トート

中袋が古裂の裏ワザトートは、
B4サイズもOKの万能タイプ。
出し入れするたびにのぞく古裂がチャーミング。
機能性にもこだわって、
便利な外ポケットをつけました。
持ち手についている古裂の飾り布もポイントです。

how to>>>p.53

No.08
ベルトつきトートバッグ

スマートな古裂のパターンと配色が洗練された雰囲気のトート。
「ビジネスにもカジュアルにも使える端正なトート」をイメージして作りました。
柄に合わせてビーズ刺しゅうなどをほどこしても素敵になると思います。

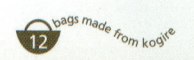

how to>>>p.54

No.09
大きな絣のポケットつき
幼き頃のピアノのお稽古バッグが、確かこんな形だったと思います。
外側にも便利な大きめポケットがついていて…。
たくさん物を入れてもフォルムがくずれないように、
まわりにぐるりとステッチをかけました。

how to>>>p.55

a

No.10
ワークスタイルの親子バッグ

4種類の古裂をパッチワーク風に配してみました。
さらにそのパーツを4枚交互に合わせて動きのあるデザインに。
親子で作れば、旅行などにも活躍してくれそうです。
前後本体はレザー、まちはフリースと、
合皮の表裏を生かした素材遊びもユニークです。

how to>>>p.56

chapter 2
作って嬉しい　おでかけしよう

楽しく作ったバッグなら、持つのはもっと楽しい。

みんなに見てもらうのも、きっと楽しい。

手には自慢のバッグを持って、ウキウキ気分ででかけよう。

弾むステップででかけよう。

No.11
フリルとお花のアップリケ

14cmの間隔に花模様が2つ、というパターンの古裂だったので、
必然的にこのシルエットが完成。
もう1つ花模様が欲しくて、アップリケをしてみました。
その花模様にそってビーズをプラス。
さらにフリルも加わって、
手づくり心がくすぐられるようなバッグになりました。

how to>>>p.57

No.12
コサージュつき ピンクのミニドット

古裂でもこんなパターンがあるんだな、
というキュートなシルクのドット柄。
ちょっぴりレトロな雰囲気を漂わせつつ、
モード感を出しました。
取り外し可能なコサージュは、
古裂とベロアの組み合わせ。
やわらかい素材なら蕾のように可憐に、
ハリのある素材なら
パッと咲く花のように仕上がります。

how to>>>p.58

No.13
ヴィヴィッドなふんわりバッグ

このキュートなインパクトは、古裂の勝利、というべきでしょうか。
型紙も作り方もかんたん。初心者向けのバッグです。
表布にはキルト芯を貼って、
ふんわりとやさしい感触に仕上げました。
すっきりと美しいラインの持ち手とも好相性です。

how to>>>p.59

No.14
絣のバゲットタイプ

色遊びと柄のコーディネートがおもしろみのあるデザインです。
ボタンもポイントになってくるので、
これぞ！と思うものをつけるといいと思います。
肩にかけられる、少し長めの持ち手です。

how to>>>p.60

No.15
レースつきがま口ポシェット

格子の中にピンドットが入ったキュートな古裂。
出逢った瞬間、頭に浮かんだ言葉は「ラブリー」。
レースつけは、格子柄がガイドラインになってくれるから、
まがったりせず安心です。
how to>>>p.61

No.16
帯上げの変形がま口

帯上げでバッグ、という斬新なアイディア。
帯上げの幅は、変形のがま口ともぴったりサイズ。
偶然の素晴らしき出逢いといったところです。
絞りの部分は伸縮しますが、
中袋をつければ物を入れても大丈夫。
糸巻きビーズをつけてエレガントに。

how to>>>p.62

No.17
ファンシープリーツのがま口

がま口は大好きなアイテムで、ついつい目がいってしまいます。
中央にはリズミカルなファンシープリーツを作って、
動きのあるデザインに。
白のモアレドビーとの組み合わせや
縦長のフォルムがかわいらしいがま口ポシェットです。

how to>>>p.63

a

b

No. 18
ギャザーのロングバゲット

たっぷりギャザーを寄せた長〜いバゲットタイプ。
配色や生地合わせ、
ビーズ刺しゅうなどにもこだわってみたら、
ユニークなバッグが完成。
実は、ひそかに「ギョウザ」と呼んでいるんです。
なんだか形が似ていませんか？

how to>>>p.64

No.19
リボンでチェック

手づくり感あふれるロマンティックなバッグを作りたくて、
女の子が大好きな素材を集めました。
トーションレース、サテンのリボン、ボタン…。
リボンで作ったチェック柄がキュートです。
でも、ごめんなさい。
ベースの古裂のちょうちょ模様を隠してしまいました。
持ち手の縞模様の生地も古裂です。

how to>>>p.65

No.**20**
森林模様のボックスバック

No.**21**
マルチポーチ

鮮やかなブルーと珍しいパターンに一目惚れをした古裂です。
私には白で描かれた模様がお伽話の森のように見えるのですが、どうでしょう?
きれいな色とシンプルな形で、少しポップなモダンスタイルに仕上げました。
おそろいのマルチポーチも作ってみてください。

how to>>>p.66, 67

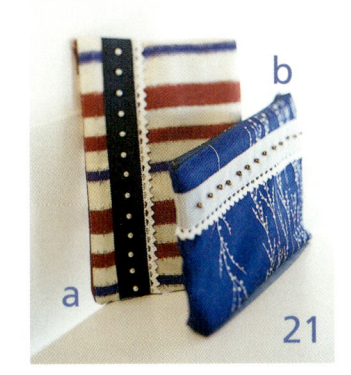

chapter 3
あなたも私もバッグ好き
バッグ大好き。いくつあってもどんどん増える。
置くとこなくても欲しくなる。
うっとりするような古裂に出逢ったらもうとまらない。
愛しい明日を思って作り出す。

No.22
サークルバッグ
半円の本体にまちをつけた優雅なフォルム。
漂う気品は、洒脱な古裂のなせるワザ？
入れ口につけたレースもフェミニンで、
女性ならではの楽しみを存分に味わえるバッグです。

how to>>>p.68

No.23
黄色と黒のウールバッグ
細長いシルエットのウールバッグに合皮のエナメル素材を組ませて、
スマートなスタイルに仕上げました。
持ち手のつなぎにはベルトのバックルを使用。
中央に横棒が見えていますが、
私のバッグはインスピレーションが優先です。

how to>>>p.69

No.24
スウェードを組み合わせた2ポケット
人気の古典柄は、誰が見てもいいものです。
魅力の古裂に、スウェードやポケットをプラスした意表をつくカップリング。
口布の部分にはお好みで厚手の芯を貼って、
かっちりと仕上げてもいいと思います。
how to>>>p.70

No.25
ビーズ刺しゅうの丸ハンドル
凛とした佇まいを見せる、扇形が美しい丸ハンドルのバッグ。
ベロアと古裂のはぎ目に、ビーズ刺しゅうを刺しました。
このステッチを加えることで、
全体がきりりと引き締まり、高級感が生まれます。
how to>>>p.71

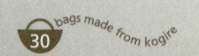

No.26
グラニー

私はグラニーバッグにフリルをつけるのが好きです。
かっちりとした仕上がりにしたかったので、
全面に芯を貼りました。
ピンと張ったフリルもきれいだと思います。

how to>>>p.72

No.27
ベビーがま口

a   b   c   d   e

ちっちゃなちっちゃな、スペシャルプリティーながま口財布。
キルト芯を貼ったふんわり仕立て。
口金はいっしょにビーズを縫いつけました。
大切なアクセサリー入れにもぴったりの大きさです。

how to>>>p.73

No.28
花とグリーンの合皮

印象的な古裂は、バッグになってもその個性を発揮するものです。
バッグのデザイン自体はシンプルなのに、圧倒するような存在感。
これが古裂の力なのでしょう。
華やかだけれどもシックに、
グリーンの合皮とえんじ色のベルベットリボン、
黒のレザーコードでまとめました。

how to>>>p.74

No.29
ショルダーボルスター

ニュアンスある大人の配色が持ち味。
スマートなボルスター型は、
スポーティーにもエレガントにも使えます。
肩ひもは取り外しが可能なので、
短い持ち手を作っておけば、
ハンドバッグにも変身します。

how to>>>p.75

No.30
ベルトつき ぺたんこショルダー

香り立つようなテキスタイルから生まれる、
色っぽさとハードさ。
2つの顔をもつショルダーバッグは、
本体を持ち手で挟んで縫う、正真正銘「ぺたんこ」なつくり。
肩ひもにもハトメをつければ、
さらにアヴァンギャルドな雰囲気に。

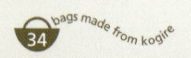

how to>>>p.76

No.31
4つの水玉

グレーのグラデーションの古裂に、水玉のアップリケ。
ポイントになる生地を選ぶときは、直感が勝負です。
いちばん上の水玉は、古裂の寸法が足りず、
柄合わせをして真ん中ではいでいます。
1針1針縫いつければ、愛しさも倍増です。

how to>>>p.77

No.32
タックの半円バッグ

愉快なフォルムは、半円の型紙をベースに
入れ口にはタック、底にはギャザーを寄せてできたもの。
コントラストのきれいな縞は、あえて横地でとりました。
気に入ったデザインは、素材を替えて
いくつもの表情を見たくなってしまいます。

how to>>>p.78

a   b

No.33
紫のフラットバッグ

シンプルなだけに、バランスが決め手となるバッグです。
何種類かの生地を組み合わせるときは、
同じトーンの同系色でまとめると間違いありません。
はぎ目のビーズ刺しゅうはお好みで、
大きさも形も遊んでみるといいでしょう。

how to>>>p.79

基本の用具と便利な道具

1 サークルプレート
コンパスが苦手な人でも簡単に使える円形のテンプレート。正確なパターンづくりが、作品をより美しく仕上げます。直径2cm、3cm、4cm、5cm、6cm、8cm、10cmの7枚セット/1,200円

2 ミシン掛けペーパー
滑りやすい布地もずれにくく、ミシンかけがラクになります。①布地にアイロンで仮接着。②ミシンをかける。③縫い目から破って取る。　5cm×約50cm/400円

3 テープメーカーW（ダブル）
好きな布で熱接着バイアステープが簡単に作れます。①「テープメーカーW」の上の溝に「33熱接着両面テープ」を、下にカットした布をセット。②熱接着テープとバイアステープの端を固定し、テープメーカを引きながらアイロンでプレス。③熱が冷めたらはくり紙をはがしてでき上がり。※熱接着テープを使わないバイアステープも作れます。　5サイズ（6mm、9mm、12mm、18mm、25mm幅）/各900円

4 手芸用ピンセット
角をきれいに返すときに重宝します。使いやすい曲げ角度と、布地を傷めない細く丸みのある先端形状。　800円

5 リッパー
はさみでは切りにくい糸切りに最適。長いほうの先を糸の下に差し込み、押すようにして使います。布地を傷めない小さな玉つき。450円

6 目打ち
角を整えたり、ミシンがけのときに布を送る、糸をほどく、など細かい作業に使います。　650円

7 まんまるメジャー
ガラス繊維を使用した、いつまでも正確なメジャー。扱いやすいラウンドフォルムで、滑り止めにシボをつけています。　150cm（赤、白）/各500円

8 チャコライナー
手を汚さず、細くてきれいなラインが自由に引けるパウダータイプ。歯を布地にあてて転がすと、板バネの振動でパウダーが歯を伝って出てくる仕組み。補充用パウダー（300円）もあり。4色（白、青、黄、ピンク）/各600円

8 シルク待針
頭がガラス製の極細タイプ。薄地に最適です。100本入/500円

10 カラーピンクッション
コットン生地を使用したチェック柄のキュートなピンクッション。中わたにはシリコン加工を施してあるので、針の滑りがスムーズ。2色（赤、青）/各450円

11 方眼定規
適度な柔軟性をもつソーイング定規。濃い色の布の上でも目盛りが見やすく、45度の角度線で正バイアスを簡単に引くことができます。　30cm/800円　50cm/1,000円

12 布切はさみ「ブラック」携帯型
凹面構造の刃は通常のはさみの60％の軽さ（当社比）を実現。耐久性にも優れ、鋭い切れ味が長く持続します。強化樹脂製ハンドルは、扱いやすく自然なフィット感。刃先をしっかりガードするキャップつき。　3,000円

13 糸切はさみ「ブラック」（黒刃）
グッドデザインに選ばれたヒット商品。伝統的なにぎりはさみの形状を活かし、シャープな切れ味と耐久性を実現。刃先がきっちりと合う正確な仕上げ。　850円

14 カットワークはさみ 115
先が鋭くスマートな刃。小さめで使いやすく、刺しゅうなどの細かい作業に最適です。重ねた布もカットできる丈夫さも特長。丈夫なサックつき。　1,500円

15 布補修ボンド
気になる刺激臭がせず、急ぐときはアイロンで接着も可能です。目立たず、ほとんど変色しません。　40g入り（ヘラつき）/550円

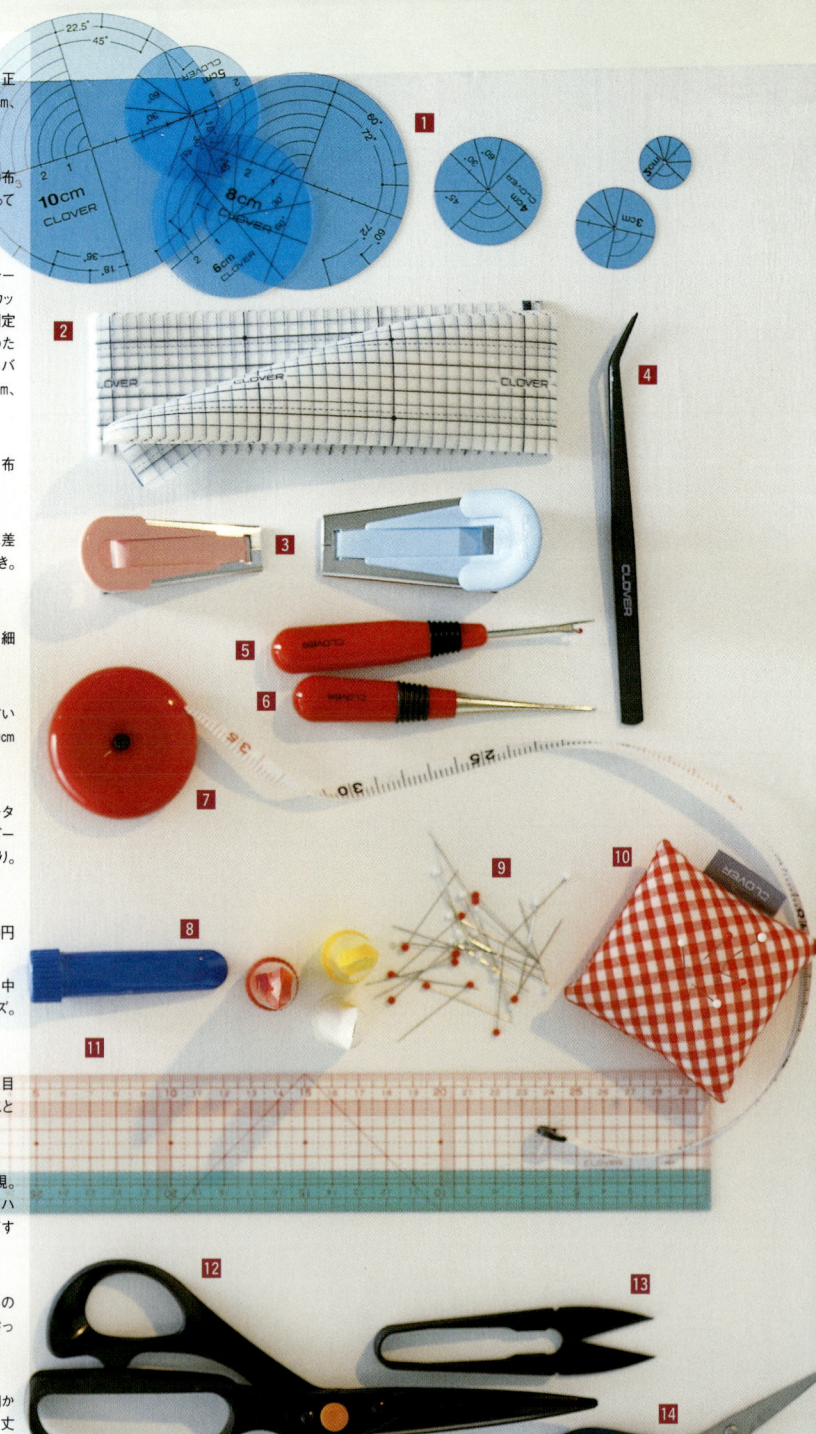

16 並ナスかん
バッグのひもやベルトの着脱に便利な金具。Dかんと合わせて使います。2色(ニッケル、アンティークゴールド)・各2種(25mm、30mm)/各300円

17 Dかん
2色(ニッケル、アンティークゴールド)・各2種(25mm、30mm)・1袋2個入り/各200円
鋳型で作った重厚感のあるDかんもあります。落ち着いた色合いが特長。2色(アンティークゴールド、ブラックニッケル)・20mm/各250円 30mm/各300円

18 両面ハトメ
ひもなどを通す穴をあけるときに用いる器具。バッグや衣類など、広範囲に使えます。3色(ニッケル、ゴールド、アンティークゴールド)・各2種(5mm:12組、6.5mm:10組)/各300円

19 マグネットボタン
こだわりの手作りバッグには、開閉が簡単なマグネットボタンを。2色(アンティークゴールド、ブラックニッケル)・14mm/各250円 18mm/各300円
ぴったりと口が閉まる薄型タイプもオススメ。2色(アンティークゴールド、ブラックニッケル)・14mm/各300円 18mm/各350円

20 プラリング
ベルトやひものジョイントや袋の口止めに。軽くておしゃれなプラスチック製のリングです。4色(アンティークゴールド、ブラックニッケル、べっ甲調、ラメ)・20mm/各300円 30mm/各400円

21 バックル・先止めセット
オリジナルのベルトやショルダーストラップ作りに便利なピンバックルと先止め金具のセット。織物、皮革に使えます。2色(アンティークゴールド、ブラックニッケル)・20mm/各400円 30mm/各450円

22 フランス刺しゅう針 No.3〜9
針先が尖っているので、布通りがとてもスムース。各太さの糸に合わせた適合針を揃えた取合せセット。14本入り/400円

23 ビーズ刺しゅう針
ビーズ刺しゅう専用にセレクトされた針です。〈細取合せ〉〈太取合せ〉各8本入り/各400円

24 糸切リング
必要なときにすぐに糸がカットできるリング型糸切りカッター。指にはめて使います。落ち着いた色合いがおしゃれなアンティークシリーズ。フリーサイズ/各500円

25 熱接着ギャザリングテープ
アイロンで接着し、簡単にギャザーが寄せられます。フリル作りにも便利。①ギャザーを寄せたい部分にアイロンで接着。②表側の青糸と裏側の白糸の糸端を結ぶ。③青糸を引き、ギャザーを寄せる。④つけ位置にミシンで縫い止める。15mm・6m巻/各500円

26 熱接着糸
糸状の熱接着剤。糸と同様に縫いつけ作業ができ、簡単に仮り止めできます。ポケットやファスナーなど、ずれやすい布を縫うときに便利です。約100m巻/各450円

27 レザー調コード 平
バッグの持ち手やきんちゃく袋のひも、縫いつけてコード刺しゅうにも使用できるレザー調のコードです。洗濯(水洗い・ドライクリーニング)が可能です。6色(アイボリー、イエローオーカー、赤、茶、こげ茶、黒)・1.8m巻/各400円

28 編み込みベルト
光沢のあるなめらかな色合いの編み込みベルト。手縫い・ミシンによる縫製が簡単にできます。バッグの持ち手やベルト作りに。4色(ベージュ、ライトブラウン、ブラウン、ブラック)・1.2m巻・20mm/各1,800円 30mm/各2,500円

29 透明地用接着芯
基布にはストッキングなどに使われている透明感のある糸を使用。オーガンジーなど透け感のある布や、サテンなどの平滑な布に使っても自然な仕上がりに。2色(白、黒)・92cm幅×1m/各900円

30 低温用接着芯〈織りタイプ・白〉
コーティング素材、合成皮革、人工皮革など、耐熱性が低い素材に。アイロンの低温(約100℃)からの接着が可能です。92cm幅×1m/900円

31 仮接着芯〈クラフト用・白〉
素材に方向性のない不織布を採用。自由に型紙が置けるので無駄なく使えます。型崩れを防ぎたいバッグ、ポケットなどの製作に便利です。100cm幅×1m/400円

32 薄地用接着芯〈ニットタイプ・白〉
薄くて伸縮性があるので、表地の風合いを損ねず美しく仕上がります。古裂、和布の補強や薄手のニット地に。90cm幅×1m/900円

33 熱接着両面テープ
テープをアイロンで簡単に接着できる、くもの巣状の熱接着テープ。ファスナーつけの三つ折りの仮り止めなどに便利です。2種(5mm、10mm)・25m巻/各450円

34 低温用熱接着補修テープ
低温アイロン(80〜120℃)対応の合成皮革や布地(ポリウレタンなど)を熱接着するためのテープ。縫い代の末始末などにも便利です。10mm幅・10m巻/500円

価格は2003年11月現在の希望小売価格(税抜き)です。

このページに紹介した材料・用具に関するお問い合わせは、下記へお願いいたします。
クロバー株式会社「お客様係」
06-6978-2277 〒537-0025 大阪市東成区中道3-15-5
ホームページ www.clover.co.jp

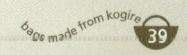

No.03

No.06

No.08

中袋のこと

私はドラマティックな中袋が大好きです。開けたときにちらりとのぞく生地が心躍るものなら、ウキウキ気分も高まって、用もないのに開けたり閉めたりしてしまいます。

古裂のバッグは、普通地で作るものに比べ、耐久性・強度が劣ることは否めません。補強のためにも中袋は必須です。中袋には丈夫で滑りのいい生地が適していると思いますが、そこは手づくり！　好きな生地を使うことがいちばんだと思います。

無地ならば、シャンタンやサテンなど光沢のある生地がいいと思います。表布のトーンに合わせたベーシックな組み合わせはもちろん、反対色やヴィヴィッドな色を選んで遊びのある配色にしても楽しいです。また、水玉やストライプ、チェックなどのパターン柄もキュート。チャイナ柄などの大胆な生地を使って、個性的に仕上げるのもオススメです。

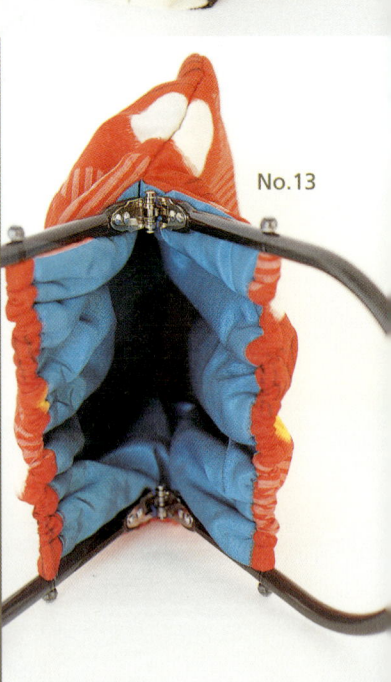

No.10b

No.13

No.28

No.31

No.10a

古裂について

【古裂を手に入れる】
箪笥の中に眠っている着物はもちろん、専門店や骨董市でも古裂に出逢うことができます。
　古裂である以上、しみやほころびがあるのは仕方がありません。ですが、そういったものは比較的手に入れやすい値段になっていたりするので、利用価値があると判断したら、ためらわずに購入してみるのもいいかと思います。もしも思い描く古裂があるのなら、お気に入りがみつかるまで、まめに足を運んでみてはどうですか？

【洗い方】
バッグは直接肌に触れるわけではないので、買ってきた状態で作り始めても差し支えありませんが、汚れやしみが気になるようなら、洗ってから使いましょう。
　古裂は性質も強度もさまざまなので一概にはいえませんが、絹用の洗剤を使って、水かぬるま湯で押し洗いをします。丈夫な生地であれば、洗濯機の弱で洗ってもいいでしょう。縮み防止のためにも、水温は一定にすることがポイント。色落ちするものもあるので、洗うときは必ず単品で。心配な場合は、端切れで試してみるといいでしょう。
　着物で手に入れた場合は、洗う前にほどきます。

【着物のほどき方】
糸切りはさみや先の細いカットワークはさみ（p.38参照）を使います。長い年月を経て縫い糸が着物になじんでいるので、間違って生地を切ってしまわないよう慎重に。糸を引っぱらないようにしながら、1目ずつ切っていきます。

◆ほどく順序
①表衿、共衿、裏衿をはずします。
②袖は裏、表の順にほどき、身頃からはずします。
③衿下、裾をはずします。
　※ここで表身頃と裏身頃が離れます。
④おくみをほどきます。
⑤身頃（背、脇）をほどきます。

【生かし方】
着物の生地幅は、反物の並幅とよばれる36cmが一般的。年代が古いものほど生地幅が狭いということも少なくありません。長さは現在でもそうであるように、着ていた人の体型によって多少の差があります。
　しみやほころびに関しては、アイディア次第でいくらでも解決することができます。問題の場所にアップリケをほどこしたり、使える面積が少ないようならはぎ合わせて使います。想像以上におもしろい表情が生まれ、デザイン性の高いバッグに仕上がったりするのです。
　また、この本では異素材との組み合わせを多く用いました。合成皮革やフェルト、ベロアやデニムなど。普段のスタイルにすっと馴染むような現代的な雰囲気に仕上がり、その一方で、古裂のテキスタイルとしての魅力が高まるような気がします。
　手づくりは「自由」であることが大きな愉しみ。ひらめくアイディアを、とにかく形にしてみてください。

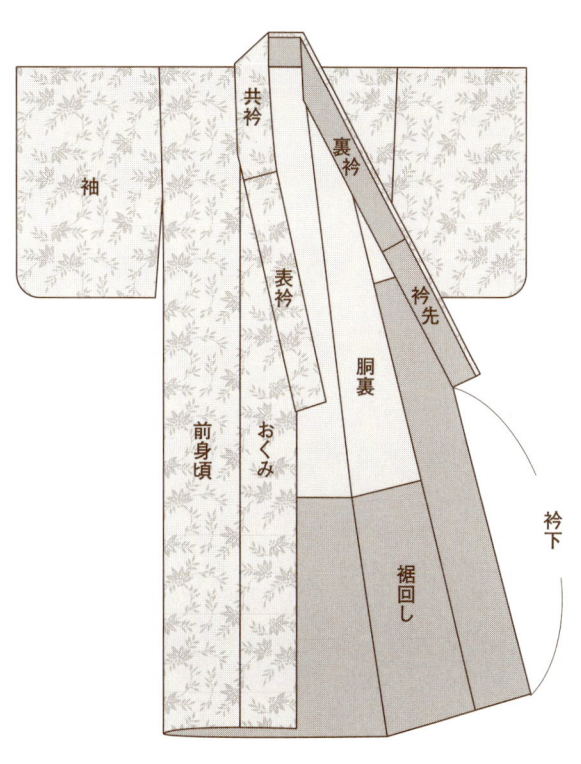

バッグ作りの基本

●製図と裁ち方

【製図】
型紙は、作り方ページを参照し、ハトロン紙などの薄い紙に作ります。縫い代はあらかじめ型紙につけておくと便利です。この本では基本の縫い代を1cmに設定しています。これはミシンの押さえ金にも合わせやすく、初心者にもちょうどいいゆとりをもった幅。慣れてくると、印つけをしなくてもミシンをかけられるようになると思います。三つ折りをする場所などは縫い代の幅が広いので、指示に従ってつけてください。

【裁ち方】
裁ち合わせ図を参照し、地直しをした生地の表側に型紙を置きます。このとき、生地の布目にも注意してください。型紙がずれないようにペーパーウエイトなどをのせ、待ち針を打ってから裁断します。

はさみの使い方

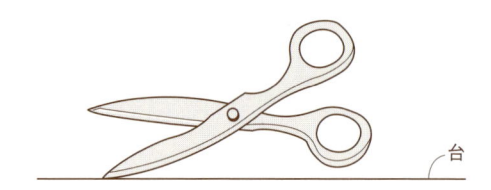

左手で布をしっかりと押さえ、はさみの刃が垂直になるように立て、はさみを台につけて使います。直線を切る場合は刃先以外の全体を使い、小刻みに動かさないように大きなピッチで切り進めます。曲線を切る場合は刃の中程を使って滑らかに。切り込みを入れる場合は刃先を使い、切り過ぎないように慎重にカットします。

●接着芯

【種類と選び方】
接着芯には織りタイプ、不織布タイプ、ニットタイプなどがあり、表布の補強、型くずれ防止に役立ちます。バッグ作りにもっともよく使われるのが不織布タイプ。この本で使用しているクロバーの「仮接着芯」(p.39参照)が不織布タイプの接着芯です。また、古裂の風合いを生かすには、ニットタイプの「薄地用接着芯」(p.39参照)が最適。古裂の補強にも役立ちます。耐熱性の低い合成皮革用にも対応可能な「低温用接着芯」(p.39参照)も便利です。いずれも素材にあったもの、自分のイメージする仕上がりにあったものを選ぶことが大切です。もしも選ぶのに迷ってしまったら、お店の人に相談してみるのがいいと思います。

かけ残りがないように、少しずつ移動させて押さえる

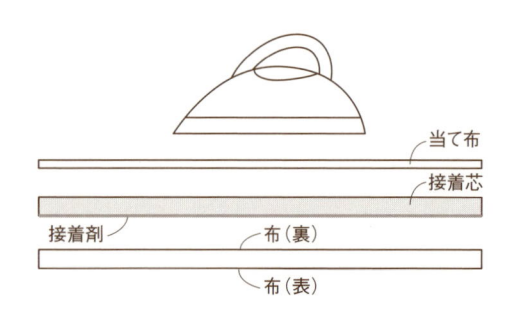

【貼り方】
布の糸くずなどをとり、布目を整え、裏側に接着芯をのせます。その上にハトロン紙、ろう引き紙などをのせてアイロンをかけます。このときのアイロンの温度はとても重要！接着芯の種類によって異なりますが、一般的には中温(140℃)のスチームでかけます。温度が高すぎると接着剤が蒸発してしまい、低すぎてもつきません。アイロン台は平らなものを使い、表面あれをおこさないように、平均に圧力を加えて押さえるようにアイロンをかけます。余った布で試し貼りをすると安心です。ドライアイロンの場合は、霧を吹くか湿らせた当て布を使用するといいでしょう。

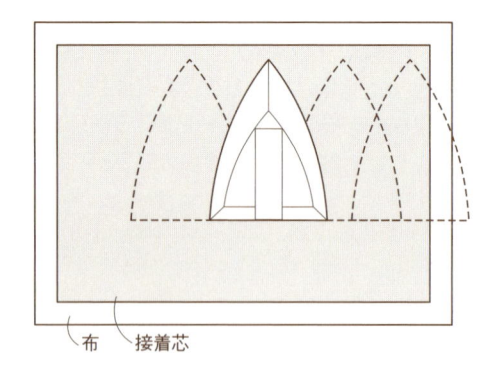

● まちの縫い方

まちを左右対象に、脇線と垂直に美しく縫えたなら、そのバッグの横顔は美人です。きちんと印をつけ、左右同じ長さになるように丁寧に縫いましょう。

作り方ページで、先に直角にカットする指示があったとしても縫いやすい方法をとってください。右のイラストのような工程を経てから、最後に余分な縫い代をカットしてもかまいません。

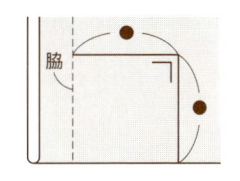

①脇の縫い目に直角に指定の寸法分（●）、線を引く

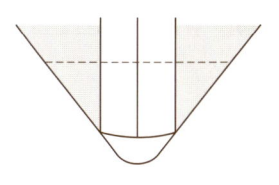

②脇の縫い目と底の線が重なるように三角にたたみ、印通りにミシンで縫う

● 持ち手位置

やっとバッグができ上がったのに、持ち手の左右がずれていた、なんてことになったらガッカリです。ほんのちょっとの工夫で、持ち手を真ん中にきれいにつけることができます。

この方法は、後からつけるタイプの持ち手にも、本体と見返しに挟み込むタイプの持ち手にも活用できます。中央が決まったら、最終的には自分のバランス感覚で、ここだ！と思ったところに持ち手をつけてみてください。

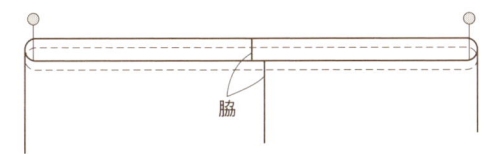

①バッグの脇線と脇線を合わせて二つにたたみ、折り山に待ち針を打つ。この待ち針がバッグの中央となる

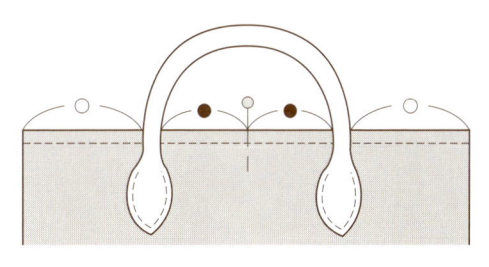

②バッグを正しい形に整え、待ち針（中央）から均等の位置に持ち手をつける

● フォルム作り

バッグのフォルムをきっちりと出してシャープな印象に仕上げたいという場合は、No.09のように最後にステッチをかけるのが効果的です。厚手の接着芯を貼ってしっかりさせる、というのともまた違った雰囲気に仕上がります。作品に指示がない場合でも、お好みでステッチをかけてみてください。縫い方はp.55を参照してください。No.09は中袋をよけてステッチをかける作りになっていますが、薄手の生地の場合は中袋もいっしょに縫ってもいいと思います。

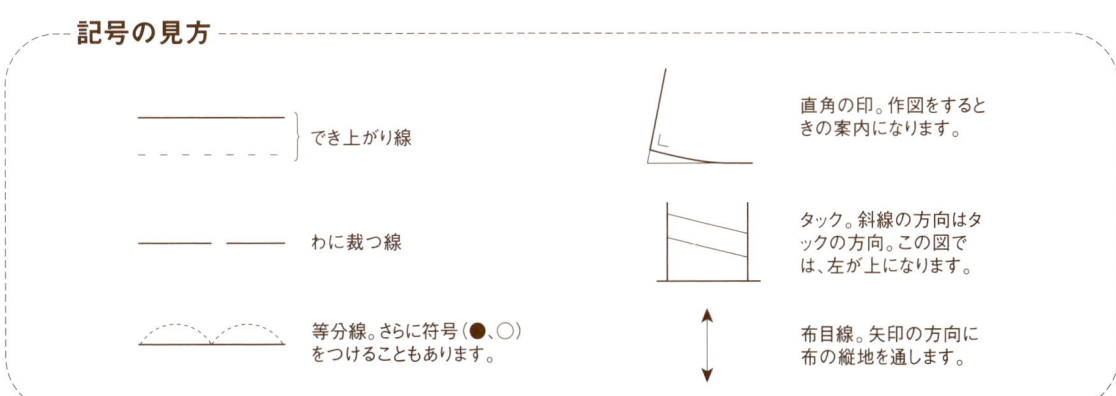

記号の見方

でき上がり線

わに裁つ線

等分線。さらに符号（●、○）をつけることもあります。

直角の印。作図をするときの案内になります。

タック。斜線の方向はタックの方向。この図では、左が上になります。

布目線。矢印の方向に布の縦地を通します。

POINT LESSON ポイントレッスン

●内ポケット

内ポケットがついているバッグはやっぱり便利。形や大きさは自由にアレンジしていいと思います。この本では一重のポケットで用尺をを決めています。

〈一重のポケット〉

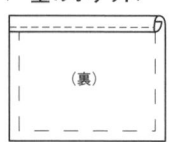

① 入れ口を三つ折りにしてステッチをかける

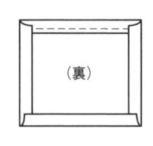

② まわりを二つ折りにしてアイロンで押さえる

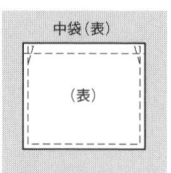

③ 始めと終わりを三角形に返し縫いをし、中袋に縫いつける

〈二重のポケット〉

① 中表に二つ折りにし、返し口を残してまわりを縫う

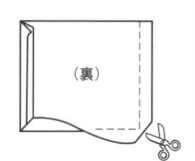

② 角をカットし、返し口の縫い代は割り、両脇は片側に倒す

③ 表に返し、始めと終わりを三角形に返し縫いをし、中袋に縫いつける

●ファスナー

ファスナーつけがビシッと決まると気持ちがいいもの。バッグのクオリティーも上がります。ファスナーは金属製でもエフロン製でもお好きなものを。

〈持ち出しがある場合〉

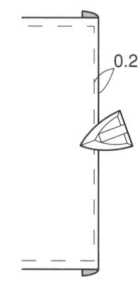

① 下になるほうを印より0.2cm出して折り、アイロンをかける

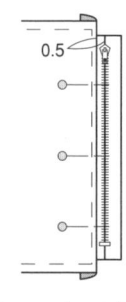

② ファスナーに重ねて待ち針をとめる(またはしつけをする)

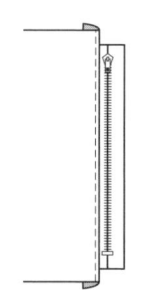

③ ミシンをかける

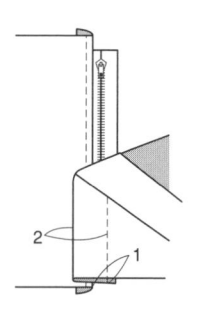

④ 持ち出しを重ねてミシンをかける

〈持ち出しがない場合〉

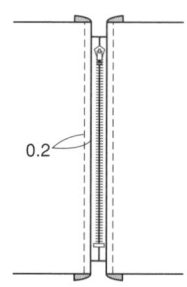

表布をでき上がりに折り、ファスナーに重ねてミシンをかける

●まつり縫い

返し口をまつったり、中袋をとめつけたりするときに用います。布と同じ色の糸を使います。見えないところこそ手を抜かないで丁寧に。

普通まつり

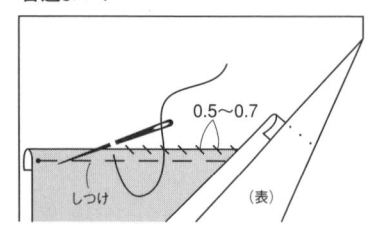

針目が目立たないように折り山をとめつけます。折り山に糸が長く出すぎないようにします。中袋をファスナーにとめつけるときなどに。

渡しまつり

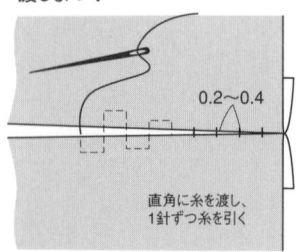

折り山と折り山をつき合わせにして縦にまつります。ミシン縫い目で割ったように、糸を見せずにまつる方法。返し口をまつるときなどに。

直角に糸を渡し、1針ずつ糸を引く

流しまつり

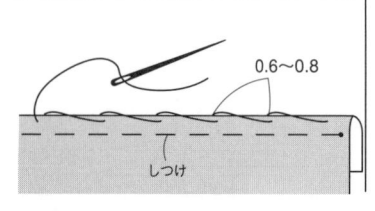

普通まつりと同様に、折り山をとめつけます。表布と折り山を同時にすくいます。やわらかい生地に適しているまつり縫いです。

●返し縫い

本来、返し縫いには「半返し縫い」と「本返し縫い」がありますが、この本で「返し縫い」というときは「本返し縫い」をしています。しっかり縫うときやミシン縫いの代わりに用います。

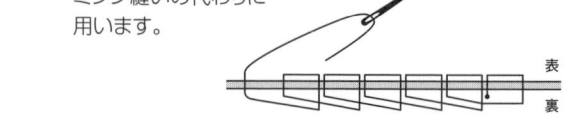

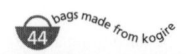

●刺しゅうの種類

はぎ合わせ部分や柄にそって、あるいはワンポイントで刺しゅうをすると、ぐんと手作り感が高まります。作品にない場合でも、好きな位置に刺しゅうをしてみてください。始めと終わりは、見えない部分、裏側や縫い代などで玉どめをします。

ヘリンボーン・ステッチ
「千鳥かがり」ともいい、幅の上下を交互に刺します。はぎ合わせ部分によく使われる刺しゅうです。

ダブル・ヘリンボーン・ステッチ
ヘリンボーン・ステッチを刺した上に、もう1度ヘリンボーン・ステッチを刺します。糸の色を替えてもきれいです。

クローズド・ヘリンボーン・ステッチ
ヘリンボーン・ステッチの間隔をつめて刺したもの。

チェーン・ステッチ
基礎ステッチの一つで、ゴシック・ステッチともいわれます。糸の引き加減で表情が変わります。組み合わせにより、レデー・デージー・ステッチなどが作れます。

アウトライン・ステッチ
表に出る針目の半分を斜めに返し縫いしたステッチ。輪郭や線を際立たせたいときに適しています。

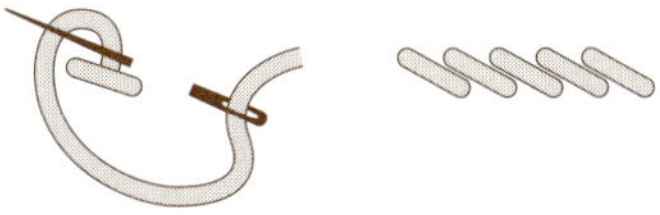

ランニング・ステッチ
表と裏に同じ針目を出して縫うステッチ。ランニング・ステッチを列の針目がたがい違いになるように布全体や模様に刺したものを「刺し子」(ダーニング・ステッチ)といいます。

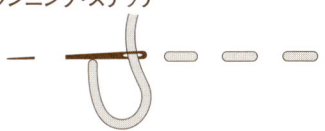

フェザー・ステッチ
ブランケット・ステッチを左右にずらしながら交互に刺していきます。やわらかな羽の感じに仕上がるところからこの名がつきました。

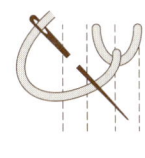

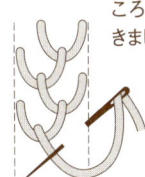

ダブル・フェザー・ステッチ
フェザー・ステッチを斜めよこに2度ずつ刺していきます。フェザー・ステッチよりさらに動きが出る、ゴージャスなステッチです。 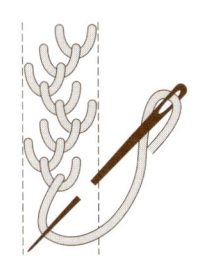

アローヘッド・ステッチ
アローヘッドは「矢じり」のこと。下方向へ順々に刺していきます。

クロス・ステッチ
生地の織り目に合わせて糸を交錯させて刺していきます。

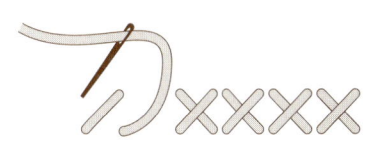

●ビーズのつけ方

ビーズは1個ずつ、1本どりの糸でつけていきます。糸はビーズの直径に合わせて渡します。糸の出し入れの間隔がビーズの直径より狭すぎるとビーズが安定せず、広すぎると糸が見えてしまって美しくありません。長くビーズをつける場合は、裏側でところどころ玉どめをしておくといいと思います。万が一、糸が切れてしまっても、せっかくつけたビーズが台無し、ということがなくなります。でき上がり線の近くのビーズは、ミシン縫いをした後につけます。

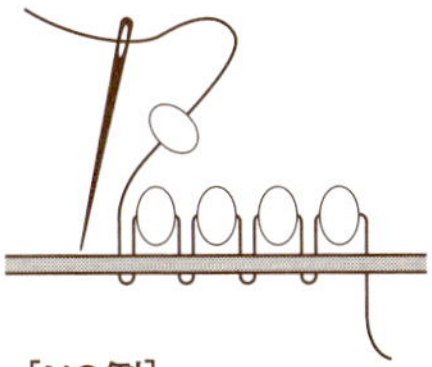

[NG例]

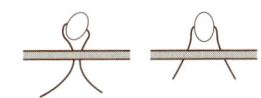

コーチング・ステッチ
あらかじめ糸にビーズを通して図案に置き、その上から別糸でとめつけます。模様の輪郭をとるのに便利な刺し方です。 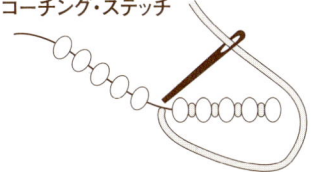

●スパングルのつけ方

布の裏側から糸を入れ、スパングルを通してからビーズを通し、またスパングルを通して布の裏側に戻します。ビーズはストッパーの役目をするので、スパングルの穴より大きいものを選びます。

No.01 ファーと帯地のショルダー

>>Page.5

【材料】
- 表布……………古裂　34cm×114cm
  - デニムのチャコール（和泉繊維）　42cm×74cm
  - フェイクファーの茶色　34cm×22cm
- 中袋……………サテンの黄色（ニクルス）　50cm×110cm
- 接着芯…………仮接着芯（クロバー）　34cm×110cm
- プラリング……直径40mmのブラックニッケル（クロバー）　2個
- マグネットボタン……本体／18mmアンティークゴールド（クロバー）　1組
  - 前ポケット／14mm薄型アンティークゴールド（クロバー）　1組
  - 後ろポケット／14mmアンティークゴールド（クロバー）　1組
- ステッチ糸………30番の薄茶色

●製図と裁ち方
（　）内は縫い代、指定以外は1cm　■は仮接着芯を貼る

表布…フェイクファー

表布…古裂

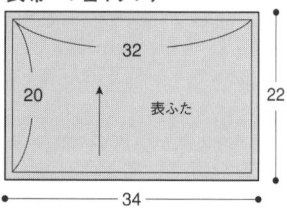

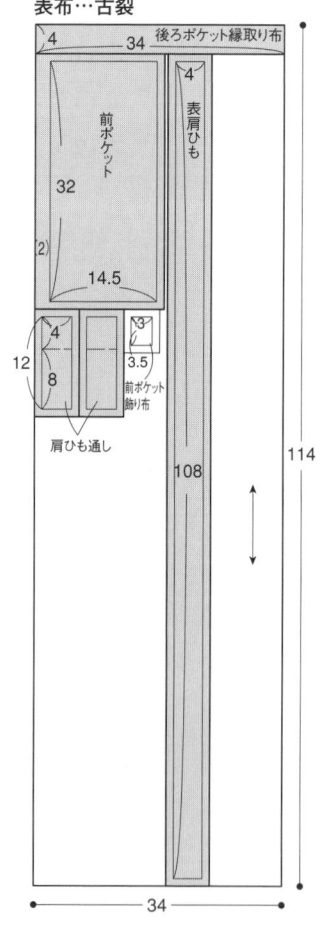

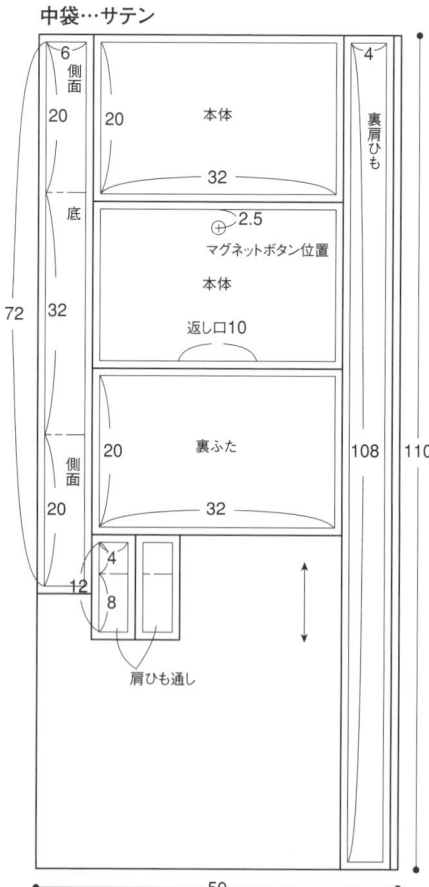

表布…デニム

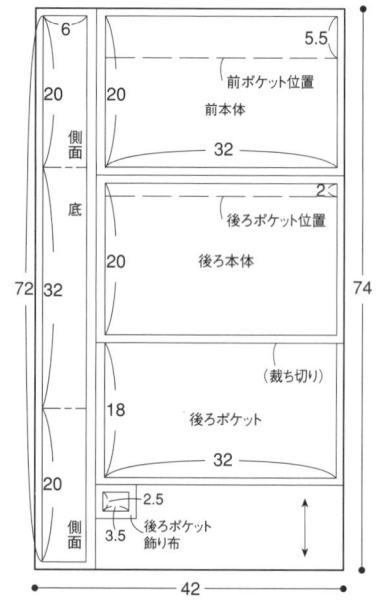

中袋…サテン

●地直し
地直しとは、作品ができ上がってから狂いのないように、布目のゆがみや耳のつれを正すこと、収縮を防ぐことをいいます。地直しをせずに作ったものは形くずれしやすいので、かならず地直しをしてください。

　通常、綿は水に浸して半乾きのうちにアイロンをかけます。毛織物はスチームを利用し、絹はドライアイロンをかけます。

【ポイント】
- 耳がつれている場合は、切り込みを入れて伸ばします。
- 横糸がまっすぐに通っているか調べます。曲がっているときは、短い糸に合わせて裁ち直します。
- 切り口が耳に対して直角かどうか調べます。ゆがんでいる場合は、布を引っぱってゆがみを正し(a)、裏からスチームアイロンをかけます。
- アイロンは縦糸、横糸の布目にそってかけます(b)。

1.本体を作る

前本体

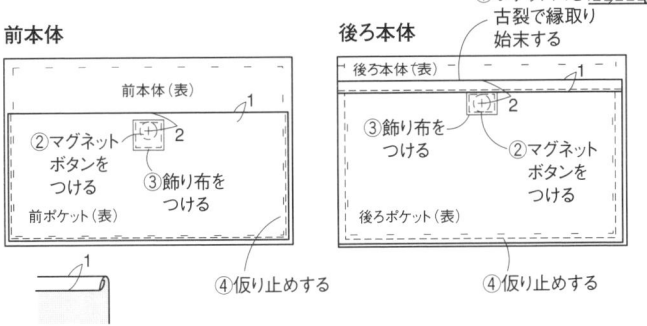

- 前本体(表)
- ②マグネットボタンをつける
- ③飾り布をつける
- 前ポケット(表)
- ④仮り止めする
- ①ポケット口を三つ折りにしてステッチをかける

後ろ本体

- ①ポケット口を古裂で縁取り始末する
- 後ろ本体(表)
- ③飾り布をつける
- ②マグネットボタンをつける
- 後ろポケット(表)
- ④仮り止めする

2.本体と側面・底を縫い合わせる

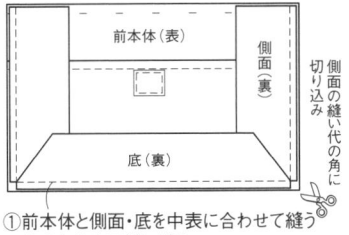

- 前本体(表)
- 側面(裏)
- 底(裏)
- 側面の縫い代の角に切り込み
- ①前本体と側面・底を中表に合わせて縫う
- ※後ろ本体も同様に縫う

3.中袋を縫う

表布と同様に、返し口を残して本体と側面・底を縫い合わせ、補強布をあててマグネットボタンをつける

4.ふたを縫う

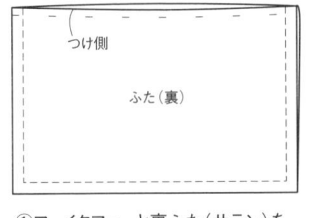

- つけ側
- ふた(裏)
- ①フェイクファーと裏ふた(サテン)を中表に合わせてまわりを縫う
- ②表に返し、目打ちで毛出しをする

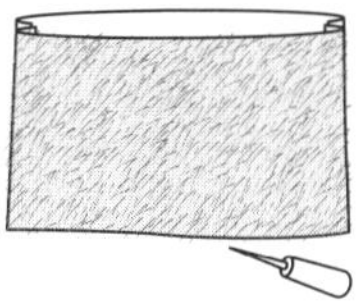

5.ふたを挟んで入れ口を縫う

- ふた
- ①ふたを挟んで表布と中袋を中表に合わせ、入れ口を縫う
- 返し口10
- ②返し口から表に返し、返し口をまつる（p.44参照）

6.肩ひもをつける

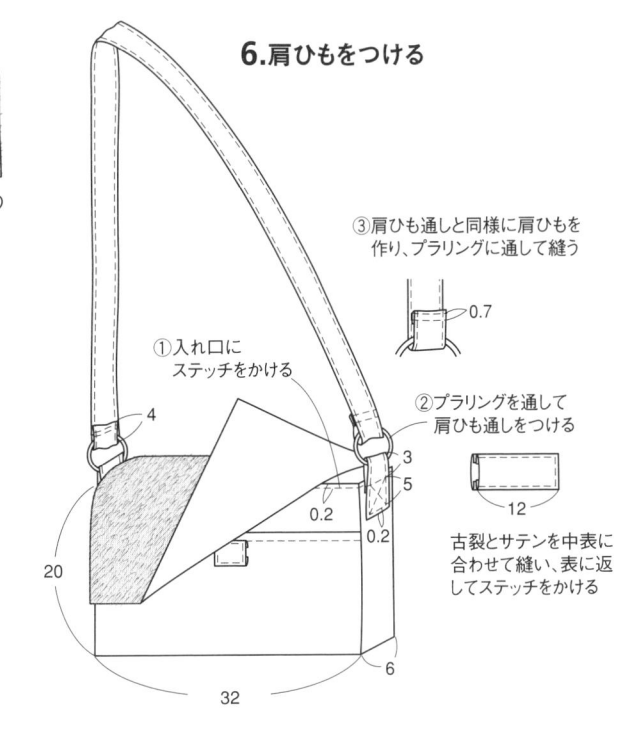

- ①入れ口にステッチをかける
- ③肩ひも通しと同様に肩ひもを作り、プラリングに通して縫う
- ②プラリングを通して肩ひも通しをつける
- 0.7
- 4
- 3
- 5
- 0.2
- 0.2
- 20
- 32
- 6
- 12
- 古裂とサテンを中表に合わせて縫い、表に返してステッチをかける

a

b

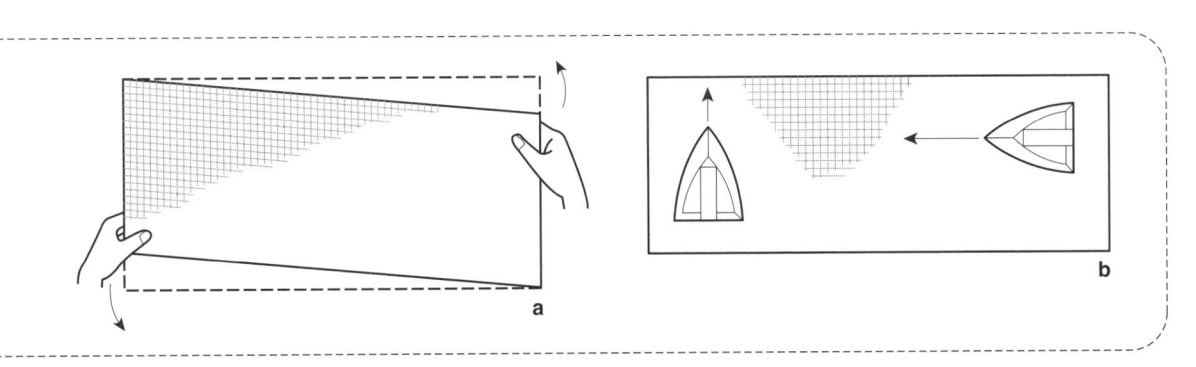

No.02 a b

>>Page.6

飾り古裂のフェルトバッグ

【材料】
- 飾り布………古裂　各35cm×42cm
- 表布…………フェルト(ニクルス)のa山吹色・b赤　各57cm×80cm
- 中袋…………ギンガムチェックのa紫・b紺　各47cm×81cm
- 接着芯………仮接着芯(クロバー)　各57cm×80cm
- 持ち手………レザーハンドル(ルミネ)のa黒・b茶色　各1組

●製図と裁ち方
( )内は縫い代、指定以外は1cm　■は仮接着芯を貼る

表布…フェルト

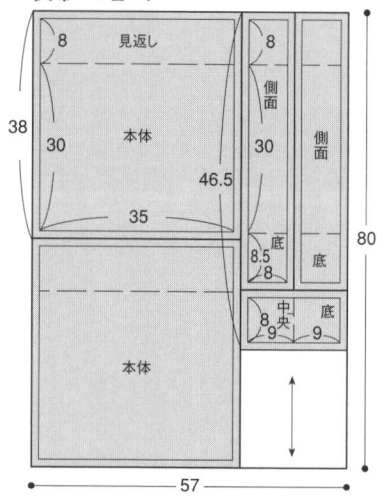

- 見返し 8
- 本体 30, 35, 38
- 側面 30, 8, 46.5
- 底 8.5, 8
- 中央 8, 底 9
- 本体
- 80
- 57

飾り布…古裂

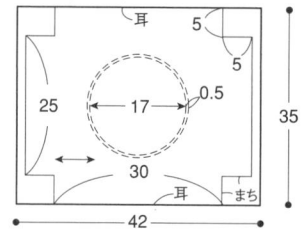

- 耳 5
- 25, 17, 0.5
- 30
- 35
- 耳, まち
- 42

中袋…ギンガムチェック

- 内ポケット位置 4, 22, 8, 22
- 本体 35
- 側面, 底
- 本体 79, 35
- 返し口15
- (2) 内ポケット 11, 16
- 側面 22
- 47, 81

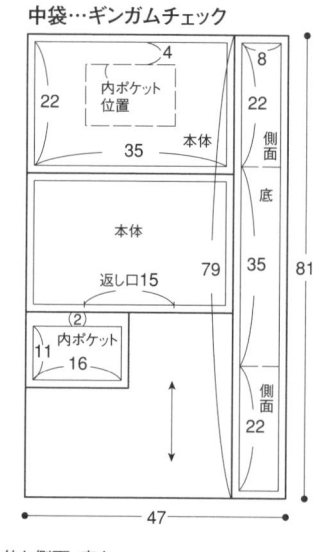

1.表布に飾り布をつける

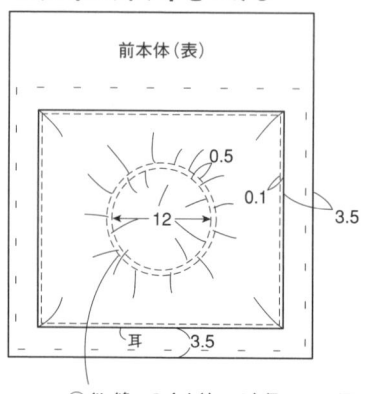

前本体(表)
- 0.5, 0.1, 12
- 3.5
- 耳 3.5

①飾り布の中央に直径17cmの円をぐし縫いする
②四隅のまちを縫う
③左右をでき上がりに折って本体につける
④ぐし縫いの糸を絞って直径12cmの円にし、本体につける
0.5cm外側にもう1本ステッチをかける

2.本体と側面・底を縫い合わせる

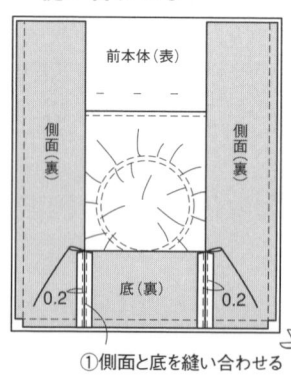

前本体(表)
側面(裏)　側面(裏)
底(裏) 0.2　0.2

①側面と底を縫い合わせる
②前本体と側面・底を中表に合わせて縫う
※後ろ本体も同様に縫う

3.中袋を縫う
①内ポケットをつける(p.44参照)
②返し口を残し、表布と同様に縫う

4.表布と中袋を縫い合わせる
表布と中袋を中表に合わせて入れ口を縫い、表に返して返し口をまつる(p.44参照)

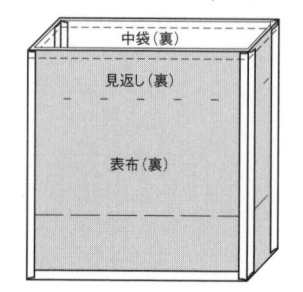

中袋(裏)
見返し(裏)
表布(裏)

5.持ち手をつける
裏に当て布をあて、持ち手を返し縫い(p.44参照)でつける

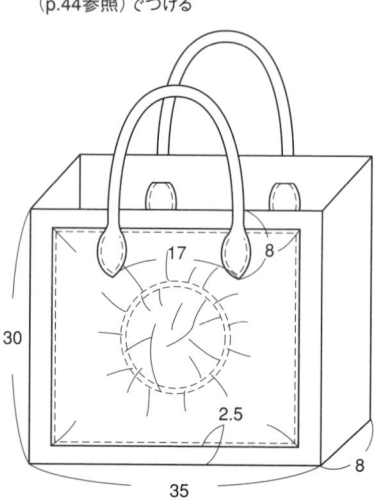

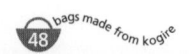

- 17, 8
- 30
- 2.5
- 35, 8

No.03 ワンハンドルボルスター

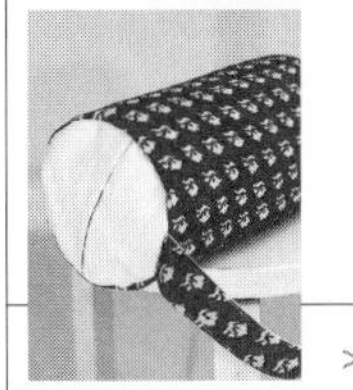

>>Page.7

【材料】
表布………古裂　38cm×54cm
　　　　　合皮のオフホワイト（ニクルス）　23cm×56cm
中袋………綿ブロードの赤紫（和泉繊維）　49cm×48cm
接着芯……古裂／仮接着芯（クロバー）　38cm×54cm
　　　　　合皮／低温用接着芯（クロバー）　23cm×52cm
ファスナー…30cm長さの茶色　1本

●製図と裁ち方
（　）内は縫い代、指定以外は1cm　▒は仮接着芯、□は低温用接着芯を貼る

表布…古裂
- 本体　25×30（縫い代(3)）
- 本体　23×30
- 持ち手　4×50
- 全体　38×54

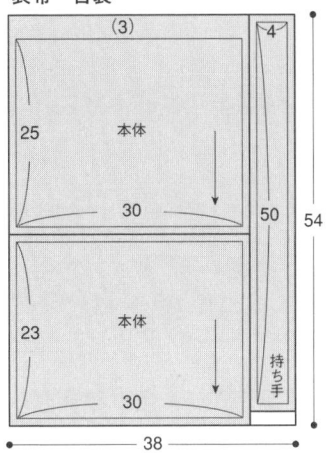

表布…合皮
- 持ち手　4×50
- 側面　15（2枚）
- ポケット　8（2枚、縫い代(2)）
- 全体　23×56

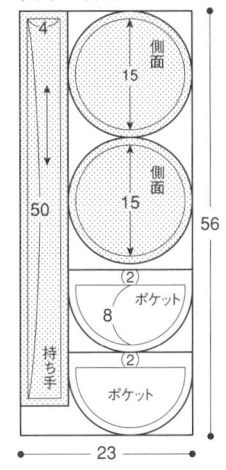

中袋…綿ブロード
- 本体　46×30（底で折る、23+23）
- 側面　15（2枚）
- 全体　49×48

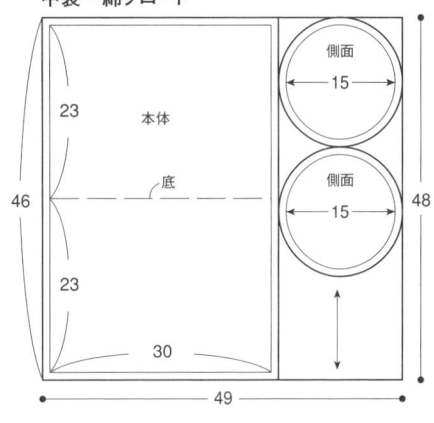

1. ファスナーをつける
①持ち出しをつけてファスナーをつける（p.44参照）
②底を縫い合わせる

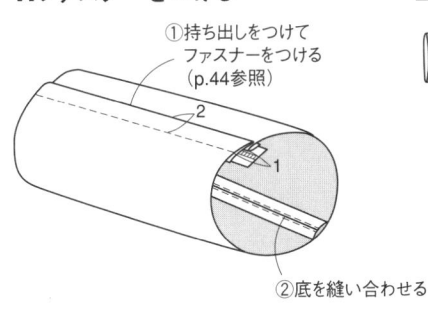

2. 持ち手と側面を作る
古裂と合皮を中表に合わせて縫う
表に返してステッチをかける　0.3

側面（表）　0.8
ポケット（表）　0.5
ポケット口を三つ折りにしてステッチをかけ、側面に仮止めする

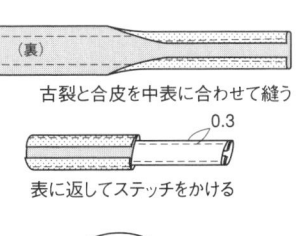

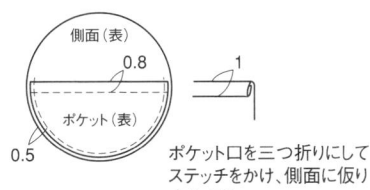

3. 本体に持ち手と側面をつける
①ファスナーをあけておく
②持ち手を挟んで本体と側面を中表に合わせ、縫い合わせる
③入れ口から表に返す

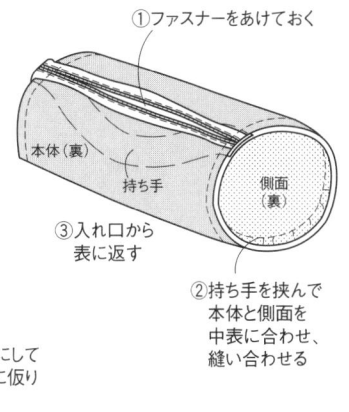

4. 中袋を縫う
1cmあけて
入れ口を折り、本体と側面を中表に合わせて縫う

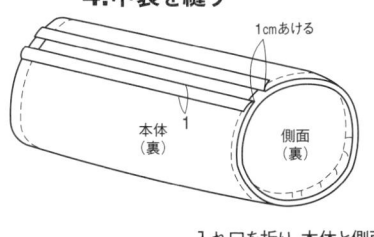

5. 中袋をつける
外表になるように表布の中に中袋を入れ、中袋の入れ口をファスナーにまつる（p.44参照）

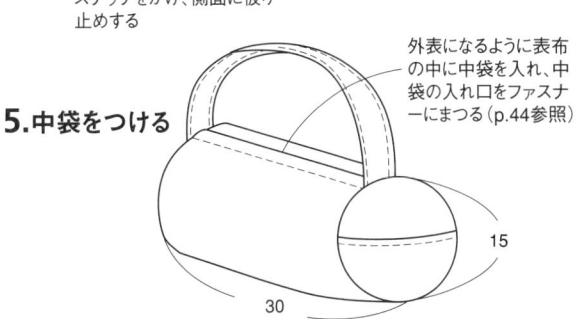

No.04

>>Page.8

絣とファーのリュック

【材料】
- 表布……………………古裂　36cm×78cm
  - クラッシュパイルファーのグレー（和泉繊維）　74cm×45cm
  - 合皮の紺（ニクルス）　41cm×76cm
- 中袋……………………シャンブレーの紫（和泉繊維）　74cm×60cm
- 接着芯…………………古裂・ファー／仮接着芯（クロバー）　78cm×55cm
  - 合皮／低温用接着芯（クロバー）　41cm×76cm
- バックル・先止めセット……20mmのブラックニッケル（クロバー）　2組
- ハトメ…………………直径5mmのニッケル（クロバー）　12個

● 製図と裁ち方
（　）内は縫い代、指定以外は1cm
▨ は仮接着芯、▨ は低温用接着芯を貼る

表布…古裂（36×78）
- 本体 7/24 ×4
- 本体 24 ×3
- 本体 3.5/24 ×2

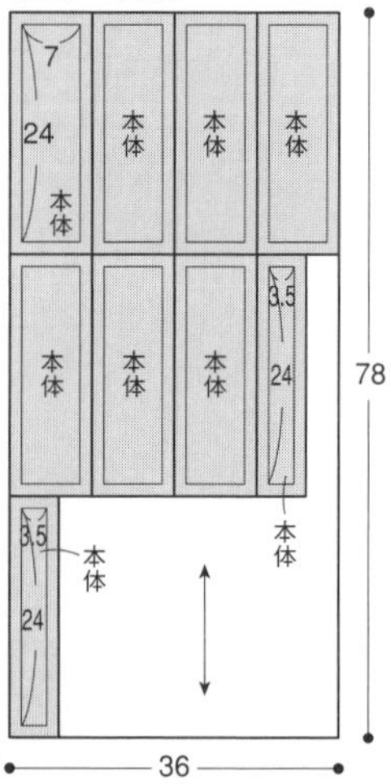

表布…合皮（41×76）
- 底 直径23
- ベルト（9、10、7、3）
- ベルト通し
- ストッパー
- ひも　65

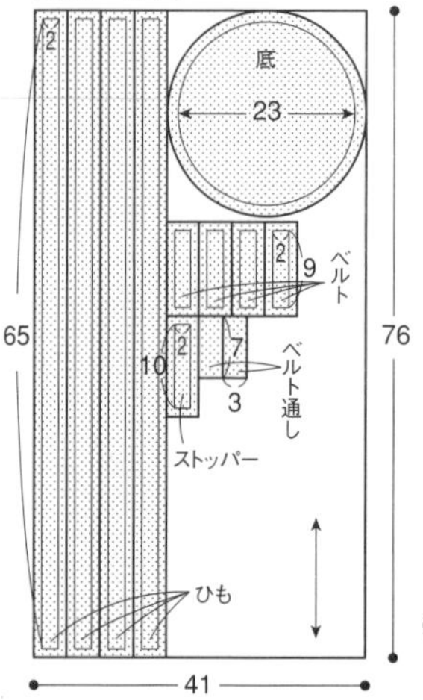

表布…ファー（74×45）
- 口布　72　3/3　折り山
- 裾布　72　9
- 本体　24　2

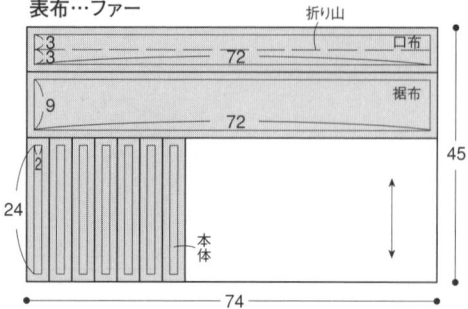

中袋…シャンブレー（74×60）
- 本体　33×72　返し口10
- 内ポケット位置　5
- 底 直径23
- 内ポケット　10/13　(2)

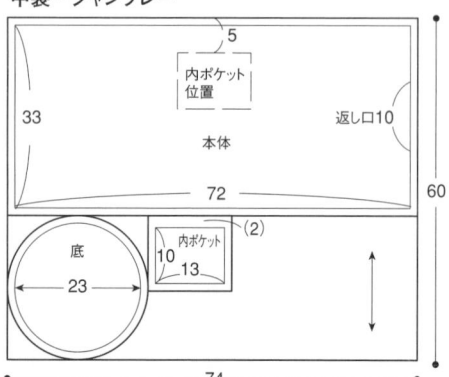

1.本体を縫い合わせる
① 古裂とファーを中表に合わせて縫う
② 縫い代を古裂側に倒してステッチをかける　0.1

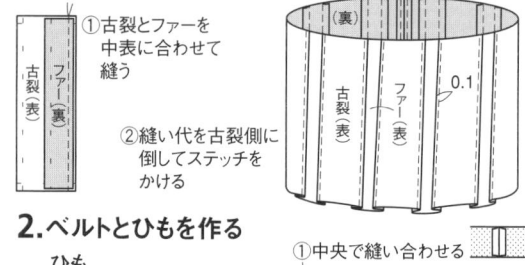

2.ベルトとひもを作る

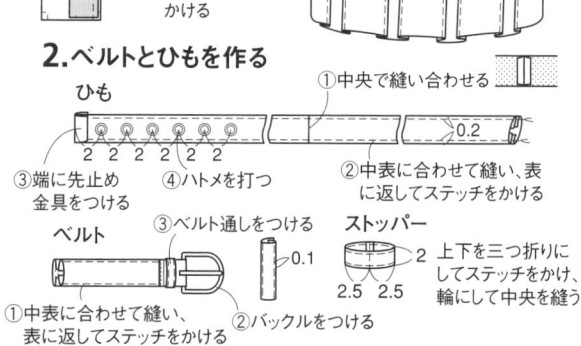

ひも
③ 端に先止め金具をつける
④ ハトメを打つ
① 中央で縫い合わせる
② 中表に合わせて縫い、表に返してステッチをかける　0.2

ベルト
① 中表に合わせて縫い、表に返してステッチをかける
② バックルをつける
③ ベルト通しをつける　0.1

ストッパー
上下を三つ折りにしてステッチをかけ、輪にして中央を縫う　2　2.5　2.5

3.表布を仕上げる
① 裾布の中央を縫う
② 本体と裾布を縫い合わせる
③ ベルトを仮り止めする
④ 本体と底を縫い合わせる

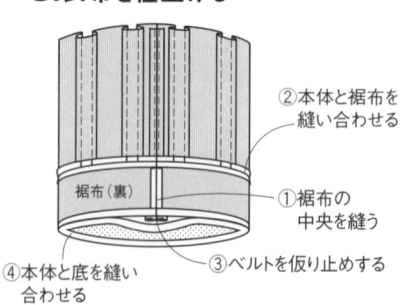

4.中袋を縫う
① 内ポケットをつける（p.44参照）　1　0.1
② 返し口を残して脇を縫う
③ 本体と底を中表に合わせて縫う

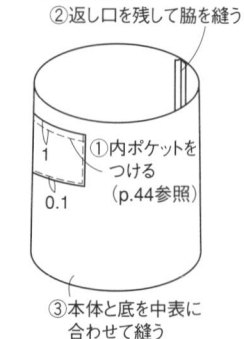

5.中袋、口布、表布を縫い合わせる
中袋底（裏）／返し口10／中袋（裏）／口布（裏）／表布（裏）

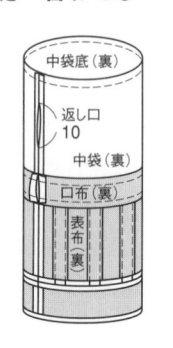

6.ひもを通す
① 返し口をまつる（p.44参照）
② 口布を折り山で折る
③ 口布に落としミシンをかける
④ ひもを通し、ストッパーを通す
36　23

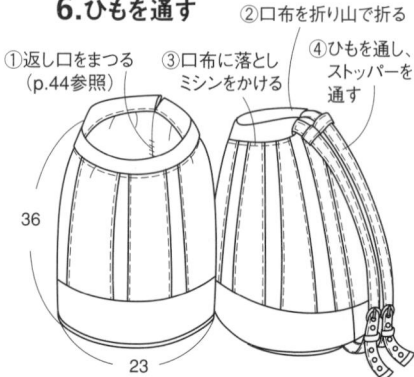

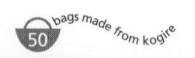

No.05 a b

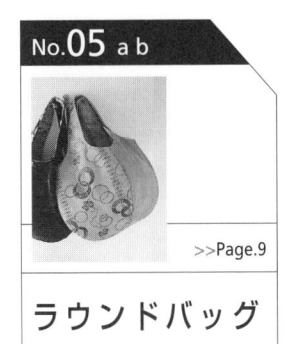

>>Page.9

ラウンドバッグ

【材料】
- 表布………古裂　各23cm×102cm
  合皮ウォッシャブルレザー（和泉繊維）のa黒・bオレンジ　各46cm×51cm
- 中袋………aシャンタンのベージュ（和泉繊維）
  bサテンのからし色（ニクルス）　各88cm×57cm
- 接着芯………古裂／仮接着芯（クロバー）　各46cm×51cm
  合皮／低温用接着芯（クロバー）　各46cm×51cm

● 製図と裁ち方
縫い代はすべて1cm
▨は仮接着芯、▩は低温用接着芯を貼る

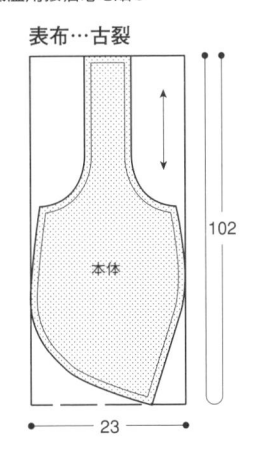

表布…合皮　46×51
表布…古裂　23×102
中袋…シャンタン　88×57

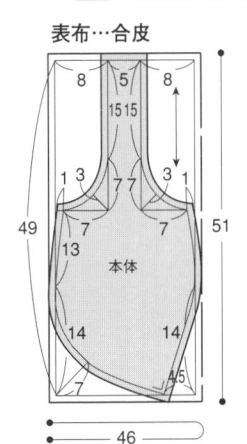

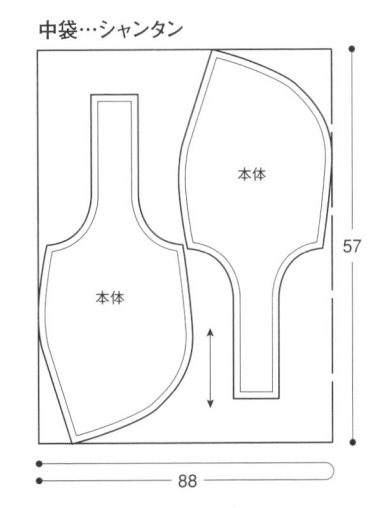

1. 表布、中袋の本体中央をそれぞれ縫う
※表布は、古裂と合皮を前後で左右反対にはぐ
① 古裂と合皮を中表に合わせて中央を縫う 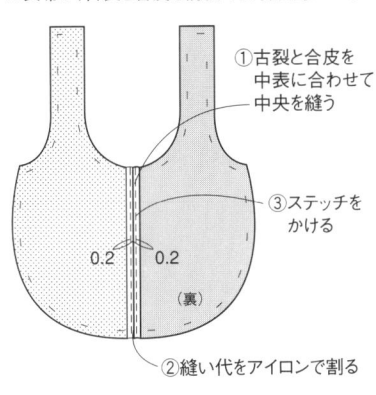
② 縫い代をアイロンで割る
③ ステッチをかける

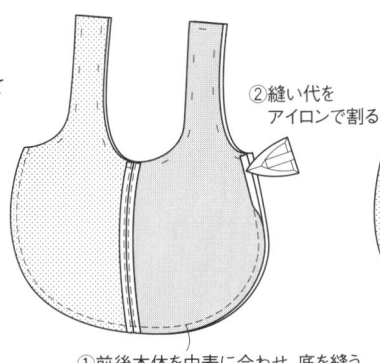

2. 底を縫う
① 前後本体を中表に合わせ、底を縫う
※中袋も同様に縫う
② 縫い代をアイロンで割る

3. 持ち手を縫う
① 表布と中袋を中表に合わせ、
② 返し口から表に返す
返し口を残して前後それぞれ持ち手部分を縫う

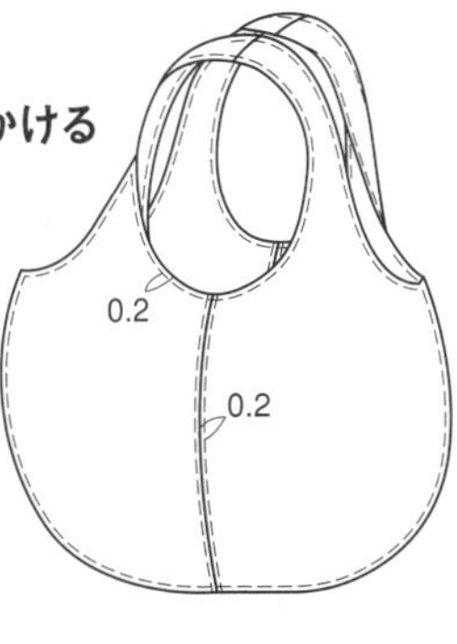

4. 持ち手を縫い合わせる
① 縫い代を割って持ち手を開き、前後それぞれ中表に合わせて縫う
② でき上がりに折ってまつる（p.44参照）

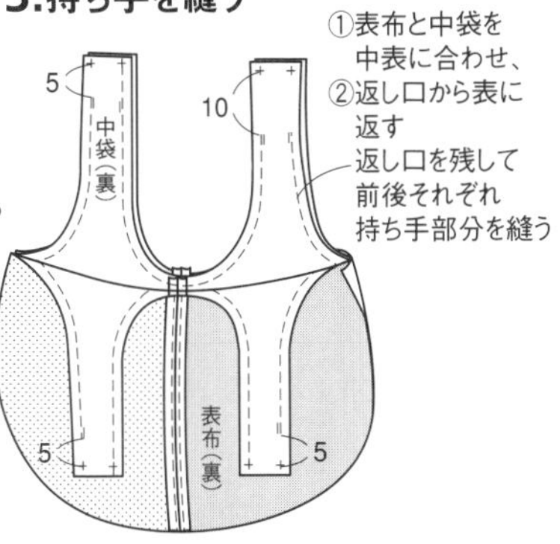

5. ステッチをかける

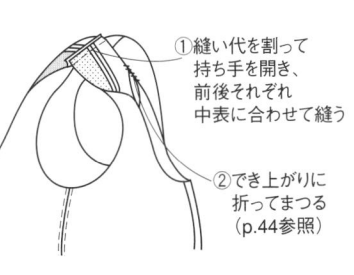

No.06

>>Page.10

丸ハンドルの手さげ

【材料】
- 表布……………古裂　24cm×46cm
  - デニムの紺（和泉繊維）　92cm×27cm
- 中袋……………ギンガムチェックの黄緑色　46cm×52cm
- 接着芯…………薄地用接着芯（クロバー）　24cm×46cm
- 持ち手…………直径15cm籐の丸ハンドルの生成（ルミネ）　1組
- トーションレース…1.3cm幅の白　296cm

●製図と裁ち方
縫い代はすべて1cm
□は薄地用接着芯を貼る

表布…デニム
- 8, 4, 折り山, 44, 口布
- 15, 8, あき止まり, 44, 本体, 7, 27
- 92

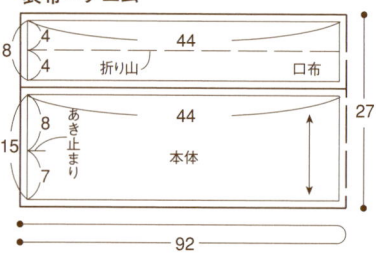

表布…古裂
- 10, 7.5, 底布, 底布, 44, 39, 46, 2.5, 2.5
- 24

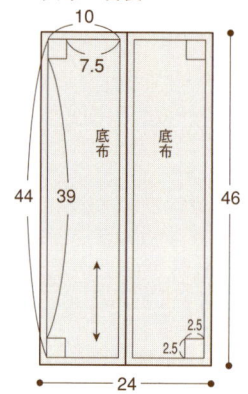

中袋…ギンガムチェック
- 44, 8, あき止まり
- 17, 本体
- 50, 底, 2.5, 2.5, 52
- 17, 8
- 46

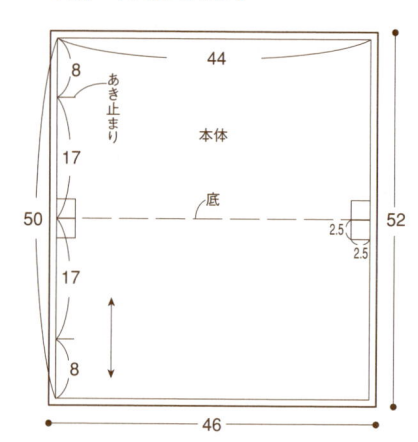

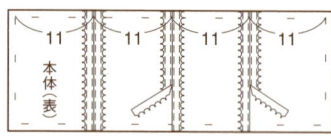

1. 表布にレースをつける
11, 11, 11, 11
本体(表)

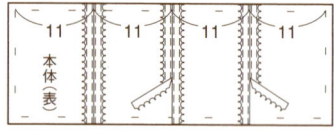

指定の位置に印をつけ、レースを背中合わせに2本並べて縫いつける
※後ろ本体も同様につける

2. 本体と底布を縫い合わせ、レースをつける
本体(表)
底布(表)
①本体と底布を中表に合わせて縫い、縫い代を割る
②レースを縫いつける

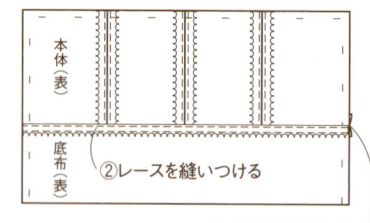

3. 脇と底を縫い、まちを縫う
8
本体(裏)
底布(裏)
①あき止まりまで脇と底を縫う
②縫い代を割る
③まちを縫う
5

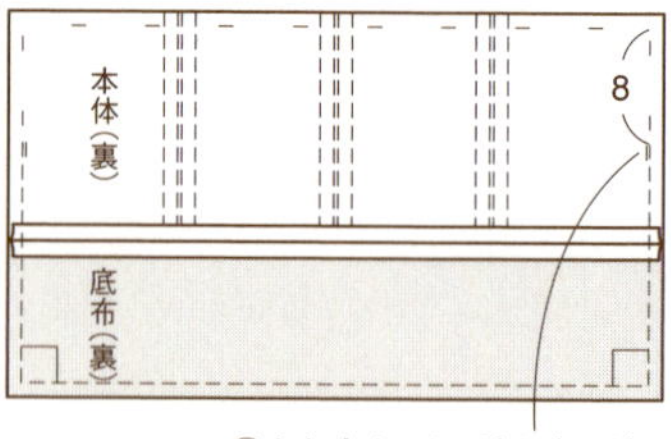

4. 中袋を縫う
表布を参照し、脇とまちを縫う

5. あきを縫う
②表布と中袋を中表に合わせてあきを縫う
③入れ口から表に返す
中袋(裏)
①中袋の縫い代にのみあき止まり位置に切り込みを入れる
本体(裏)

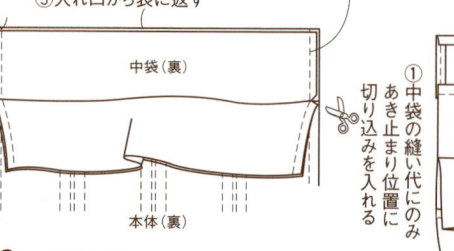

6. 口布を作る
0.5
口布(裏)
両端をでき上がりに折ってステッチをかける

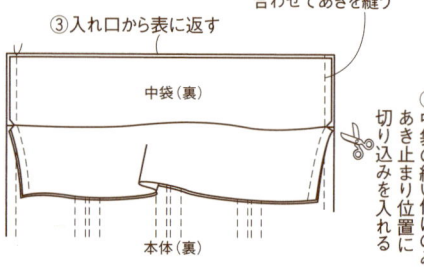

7. 本体と口布を縫い合わせる
①口布の縫い代を0.2cmひかえて折る 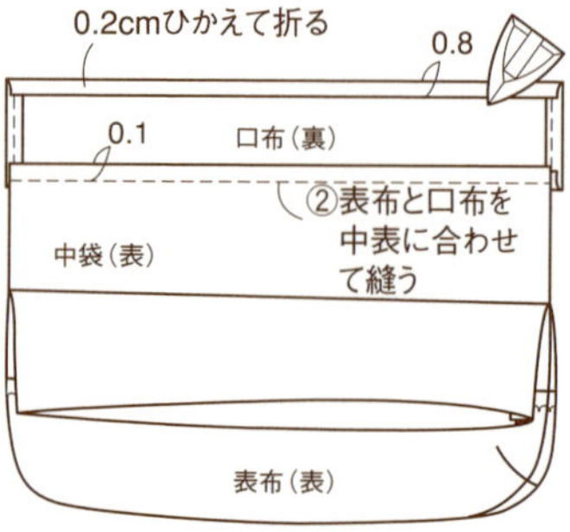
0.8
0.1　口布(裏)
中袋(表)
②表布と口布を中表に合わせて縫う
表布(表)

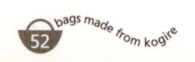

8. 持ち手を挟んで縫う
持ち手を挟んで口布をでき上がりに折り、表から落としミシンをかける
表布(表)
中袋(裏)
26.5
5
39

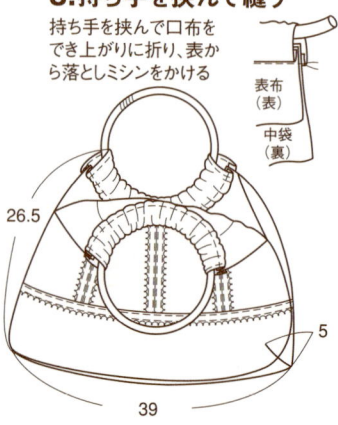

No.07 デニムの縦長トート

>>Page.11

【材料】
飾り布……… 古裂　24cm×6cm
表布………… デニムのチャコール（和泉繊維）　72cm×62cm
　　　　　　　合皮のオフホワイト（ニクルス）　18cm×102cm
中袋………… 古裂　36cm×93cm
接着芯……… 古裂／薄地用接着芯（クロバー）　36cm×78cm
　　　　　　　合皮／低温用接着芯（クロバー）　18cm×102cm

● 製図と裁ち方
　（ ）内は縫い代、指定以外は1cm
　▨ は仮接着芯、▧ は低温用接着芯を貼る

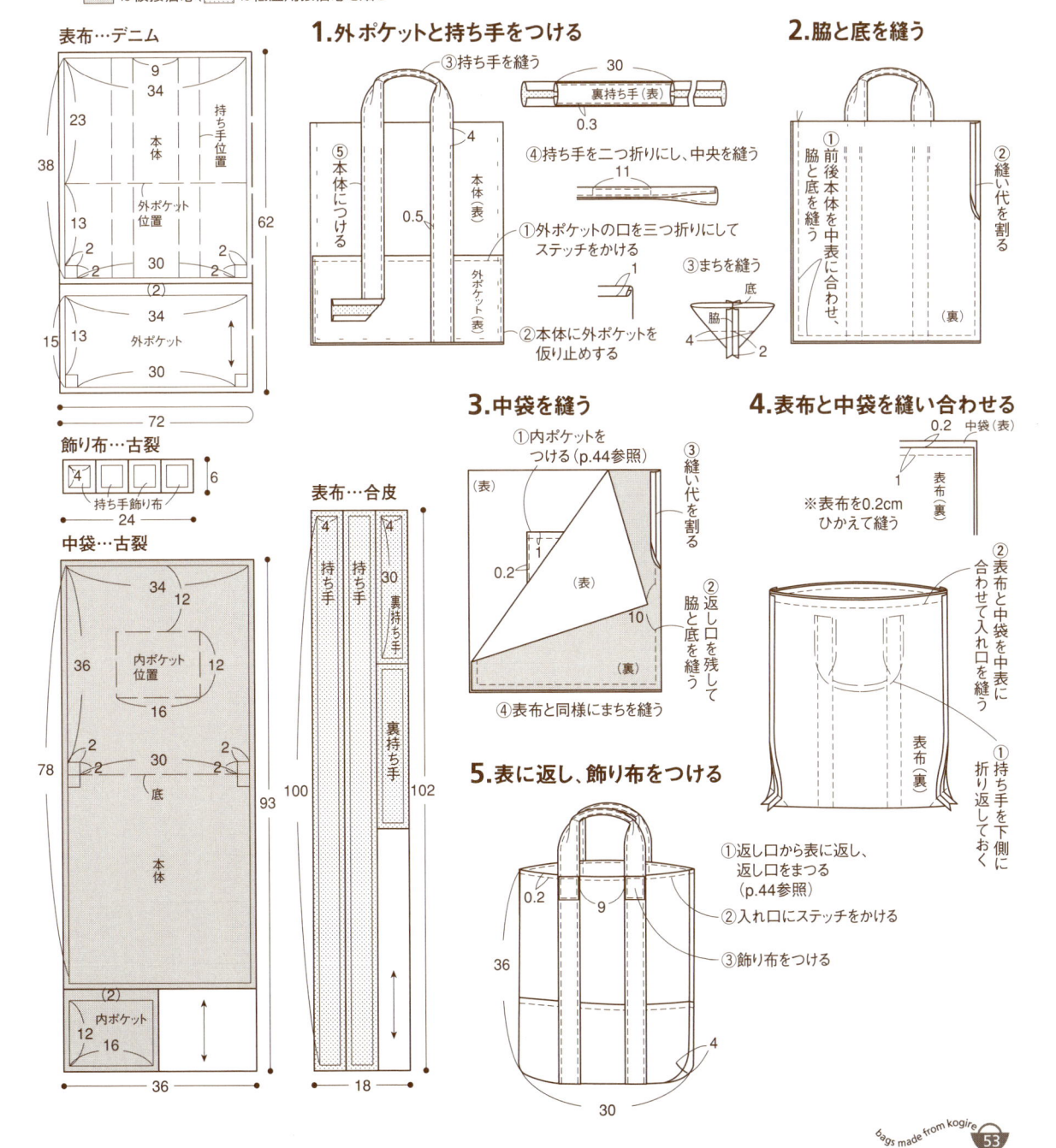

表布…デニム / 飾り布…古裂 / 中袋…古裂 / 表布…合皮

1. 外ポケットと持ち手をつける
① 外ポケットの口を三つ折りにしてステッチをかける
② 本体に外ポケットを仮止めする
③ 持ち手を縫う
④ 持ち手を二つ折りにし、中央を縫う
⑤ 本体につける

2. 脇と底を縫う
① 前後本体を中表に合わせ、脇と底を縫う
② 縫い代を割る
③ まちを縫う

3. 中袋を縫う
① 内ポケットをつける（p.44参照）
② 返し口を残して脇と底を縫う
③ 縫い代を割る
④ 表布と同様にまちを縫う

4. 表布と中袋を縫い合わせる
※表布を0.2cmひかえて縫う
① 持ち手を下側に折り返しておく
② 表布と中袋を中表に合わせて入口を縫う

5. 表に返し、飾り布をつける
① 返し口から表に返し、返し口をまつる（p.44参照）
② 入れ口にステッチをかける
③ 飾り布をつける

No.08 ベルトつきトートバッグ
>>Page.12

【材料】
- 表布……………古裂　35cm×83cm
- 　　　　　　　　合皮のオフホワイト（ニクルス）　36cm×96cm
- 中袋……………シャンブレーのオレンジ（和泉繊維）　90cm×37cm
- 接着芯…………古裂／仮接着芯（クロバー）　47cm×58cm
- 　　　　　　　　合皮／低温用接着芯（クロバー）　22cm×96cm
- バックル・先止めセット……30mmのブラックニッケル（クロバー）　1組
- ハトメ……………直径5mmのニッケル（クロバー）　5個

●製図と裁ち方
（ ）内は縫い代、指定以外は1cm
■は仮接着芯、▨は低温用接着芯を貼る

表布…古裂
- 33　本体　23
- 10　底
- 23　本体
- 56／83
- 10／13　側面
- 10　脇ポケット位置
- 35

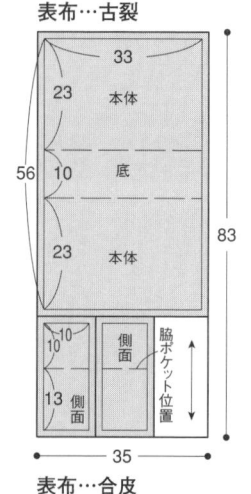

表布…合皮
- 3／6　脇ポケット　13／16
- 見返し
- ベルト
- 25　86　30
- 95／96
- 持ち手・ベルトループ（4本分）　30
- 36

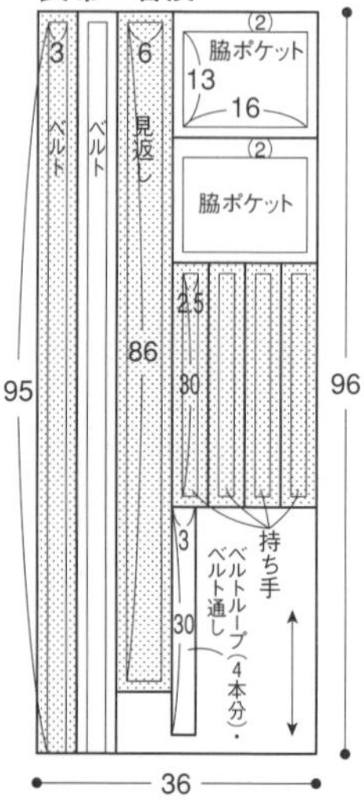

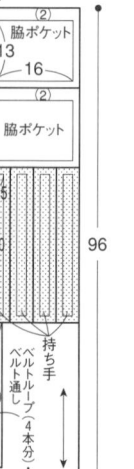

中袋…シャンブレー
- 17　内ポケット位置
- 5　中袋　5
- 5　33　5
- 37
- (2) 内ポケット
- 10　13
- 90

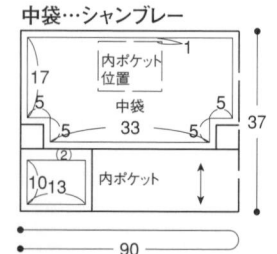

1.側面に脇ポケットをつける
① 脇ポケットを作る
② 側面に仮止めする

中央で二つ折りにし、プリーツの上下を縫う

プリーツをたたんでアイロンで押さえる

口を三つ折りにし、ステッチをかける

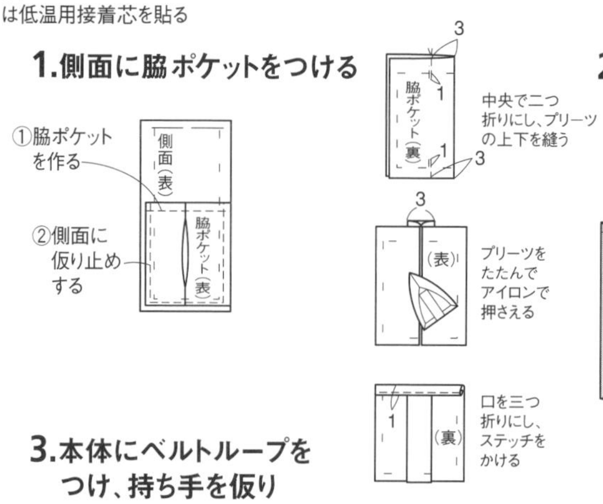

2.本体と側面を縫い合わせる
① 本体と側面を中表に合わせて縫う
② 縫い代を本体側に片返す

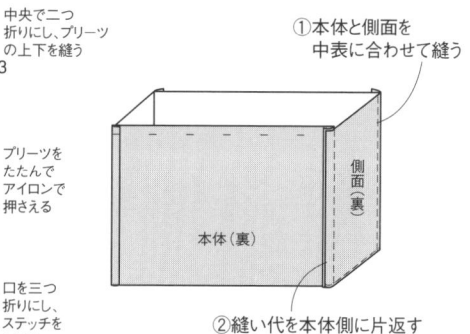

3.本体にベルトループをつけ、持ち手を仮り止めする
① ベルトループをでき上がりに折ってステッチをかける
② 5.5cm長さを4本切る　残りの8cmはベルト通し用
③ 本体の前後4ヵ所にベルトループをつける
④ 持ち手を中表に合わせて縫い、表に返してステッチをかける
⑤ 持ち手を本体に仮り止めする

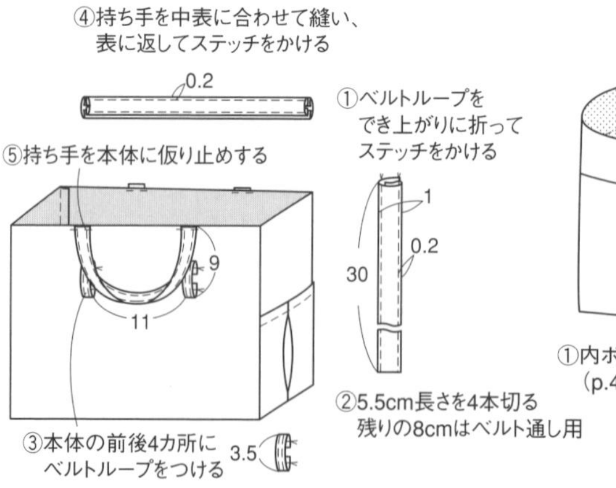

4.中袋を縫う
① 内ポケットをつける（p.44参照）
② まちを縫う
③ まちを縫う
④ 見返しの脇を縫う
⑤ 中袋と見返しを中表に合わせて縫う
返し口を残して脇と底を縫う

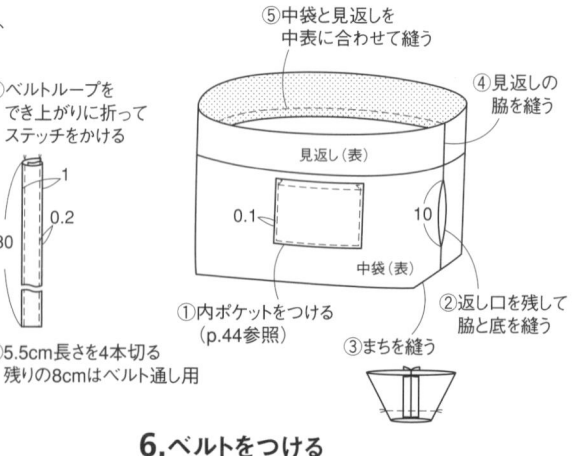

5.表布と中袋を縫い合わせる
① 表布と中袋を中表に合わせて口を縫う
② 返し口から表に返し、返し口をまつる（p.44参照）

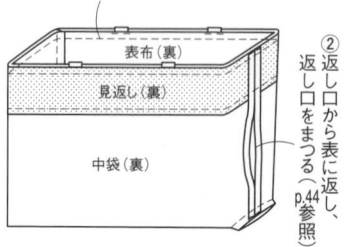

6.ベルトをつける
① 入れ口にステッチをかける
② ベルトを中表に合わせて縫い、表に返してステッチをかける
③ バックル・先止め、ベルト通し、ハトメをつけてベルトループに通す

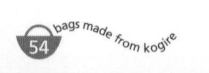

ベルト通し

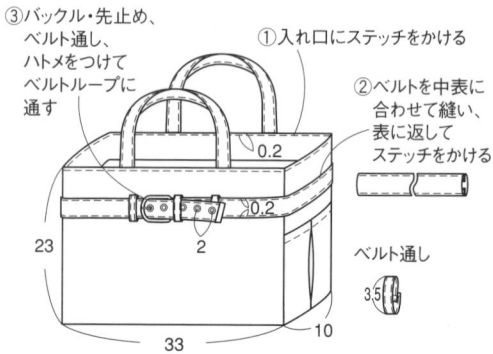

No.09 大きな絣のポケットつき

>>Page.13

【材料】
- 表布……………古裂　30cm×178cm
- 中袋……………シャンタンのベージュ(和泉繊維)　54cm×72cm
- 接着芯…………仮接着芯(クロバー)　55cm×90cm
- 持ち手…………レザーハンドルの茶色(ルミネ)　1組
- マグネットボタン……本体/18mmブラックニッケル(クロバー)　1組
　　　　　　　　　外ポケット/14mm薄型ブラックニッケル(クロバー)　1組
- ボタン…………直径1.5cm星柄のシルバー　1個

●製図と裁ち方
( )内は縫い代、指定以外は1cm
▨は仮接着芯を貼る

表布…古裂

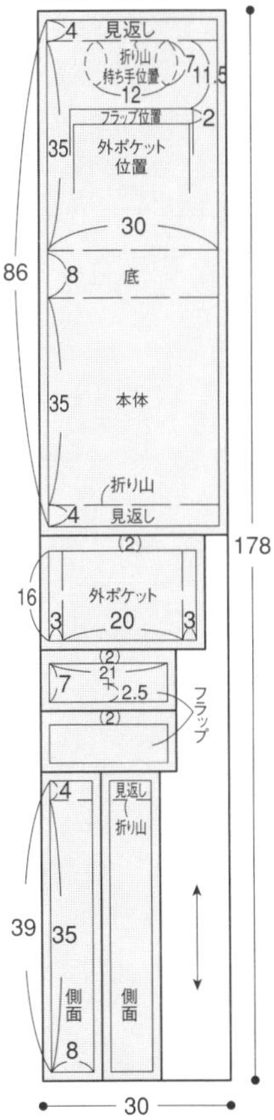

中袋…シャンタン

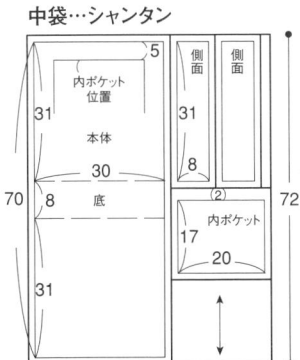

1. 外ポケットをつける
2. フラップをつける
3. 本体と側面を縫い合わせる
4. 中袋を縫う
5. 表布と中袋を縫い合わせる
6. 表に返して返し口をまつる
7. ステッチをかけ、持ち手をつける

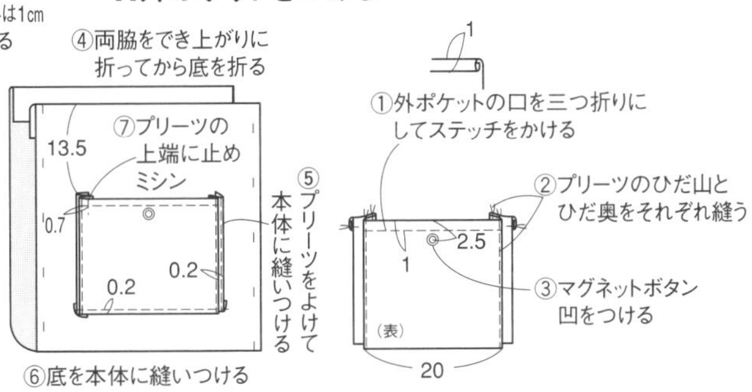

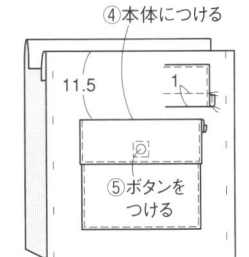

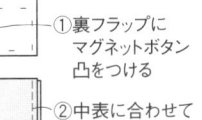

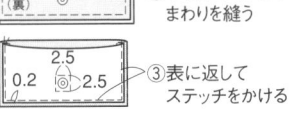

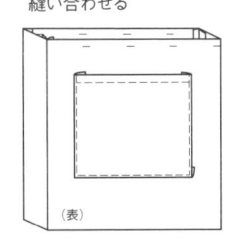

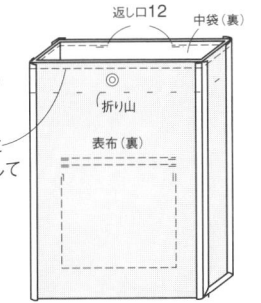

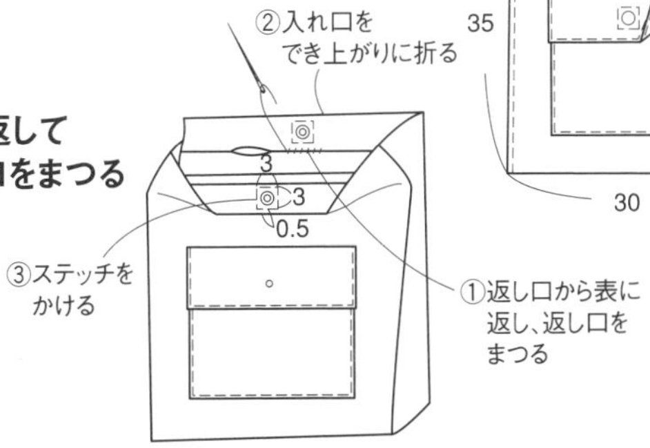

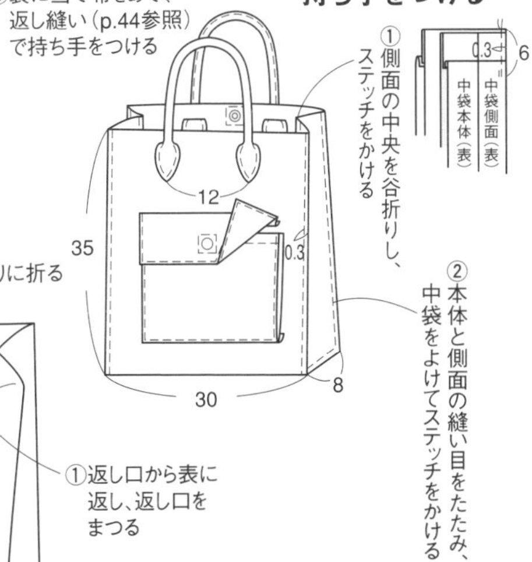

No.10 a b c

>>Page.14-15

ワークスタイルの親子バッグ

【材料】
- 飾り布……古裂　a・b各24cm×6cmを4種、c6cm×6cmを4種
- 表布………合皮マットレザー（和泉繊維）のa黒・bモスグリーン
　　　　　　　各89cm×98cm、cモスグリーン　51cm×50cm
- 中袋………チャイナ柄（ニクルス）のa花柄・bゴールド
　　　　　　　各59cm×61cm、cゴールド　23cm×32cm
- 接着芯……古裂／薄地用接着芯（クロバー）　a・b24cm×24cm、c24cm×6cm
　　　　　　　合皮／低温用接着芯（クロバー）　a・b52cm×98cm、c41cm×50cm
- リボン……1.5cm幅　a・b各70cm、c44cm
- ステッチ糸…30番のa白、b・c黄色

●製図と裁ち方
縫い代はすべて1cm　　は低温用接着芯、　　は薄地用接着芯を貼る
※（　）内はCの寸法

1. 前本体を作る

飾り布を作る
① 古裂A、B、C、Dを縫い合わせ、縫い代を割る
② 長いほうの辺をでき上がりに折る
③ 本体につける　※Cは飾り布が横並びになるように
④ 左右の2枚をそれぞれはぎ合わせる
⑤ 上下をはぎ合わせる
⑥ ステッチ糸でステッチをかける

2. 本体と側面・底を縫う
① 本体と側面・底を中表に合わせて縫う
※本体はレザーが表、側面はフリースが表
② 縫い代を割る

3. 中袋を縫う
① 内ポケットをつける（p.44参照）
② 脇を縫う
③ まちを縫う

4. 中袋と見返しを縫う
① 見返しの脇を縫う
② 縫い代を割ってステッチをかける
③ 中袋と見返しを中表に合わせ、返し口を残して縫い合わせる

5. 持ち手を作る
① 表持ち手の中央にリボンをつける
② でき上がりに折り、表裏を外表に合わせてステッチをかける

6. 表布と中袋を縫い合わせる
① 持ち手を仮り止めする
② 表布と中袋を中表に合わせて入れ口を縫う

7. 返し口をまつる
返し口から表に返し、返し口をまつる（p.44参照）

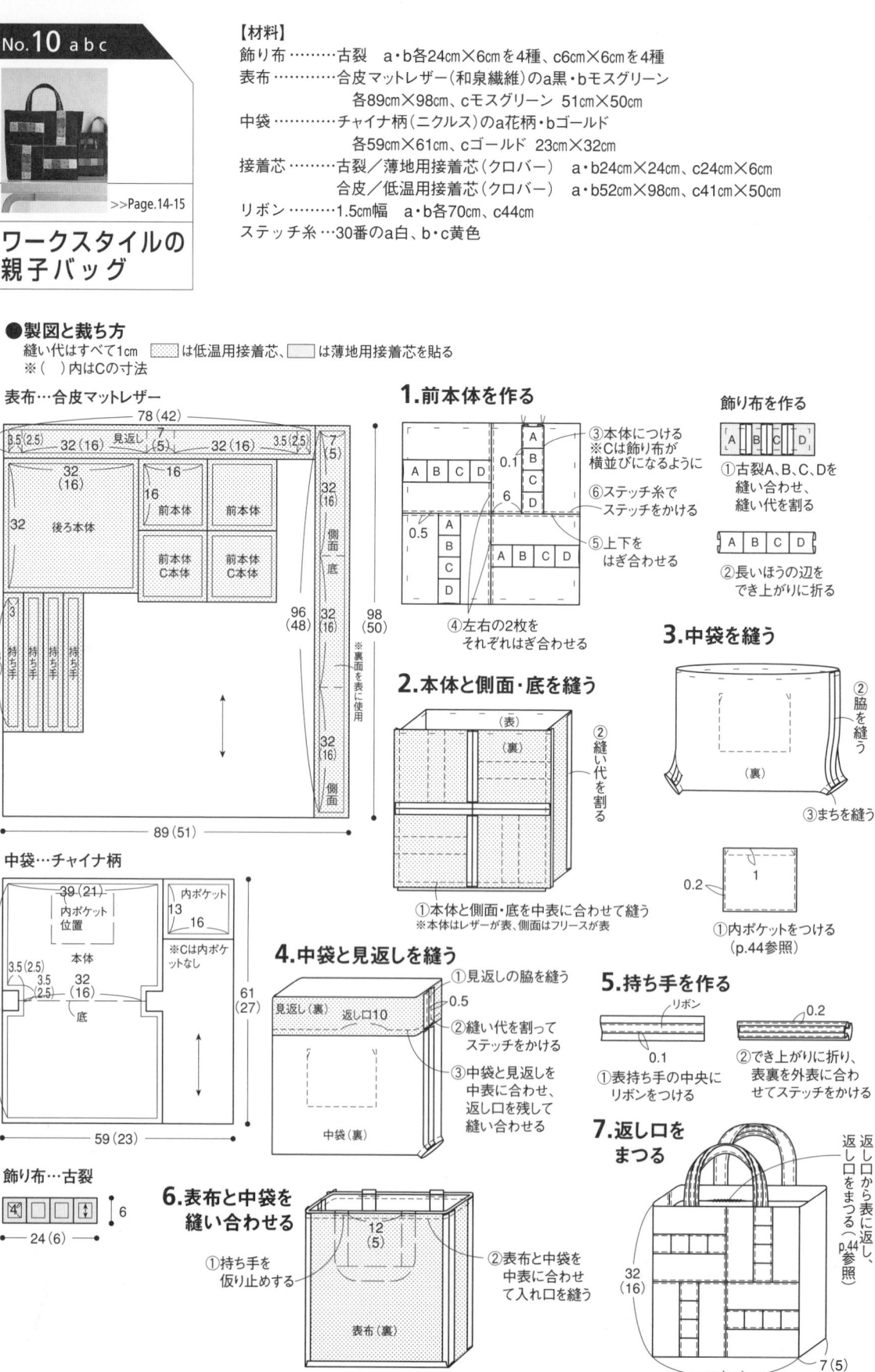

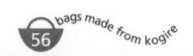

No.11 フリルとお花のアップリケ

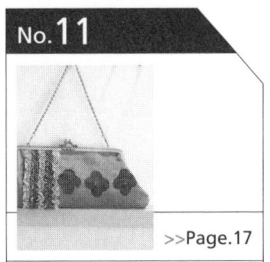

>>Page.17

【材料】
- 表布…………古裂　26.5cm×64cm
- フリル………古裂　5cm×56cm
- 中袋＆フリル…シャンブレーのオレンジ（和泉繊維）　47.5cm×56cm
- 接着芯………薄地用接着芯（クロバー）　90cm×16cm
- 口金…………8.5cm高さ×28cm幅のアンティークゴールド（ルミネ）　1個
- チェーン……41cm長さのアンティークゴールド（ルミネ）　1本
- ビーズ………0.2cm竹ビーズの紫　適宜
- スパングル……直径0.6cmの紫　18個

●製図と裁ち方
（　）内は縫い代、指定以外は1cm　▨は薄地用接着芯を貼る

表布…古裂（26.5×64、本体14×24.5 ほか、アップリケ用）

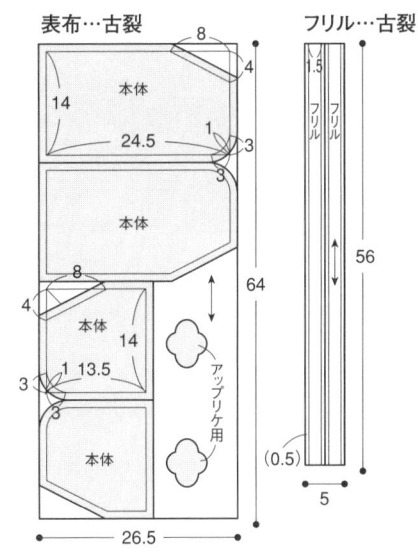

フリル…古裂（5×56、1.5、(0.5)）

中袋…シャンブレー（47.5×56、本体14×38、内ポケット位置 2.5、内ポケット 8×11 ほか、フリル）

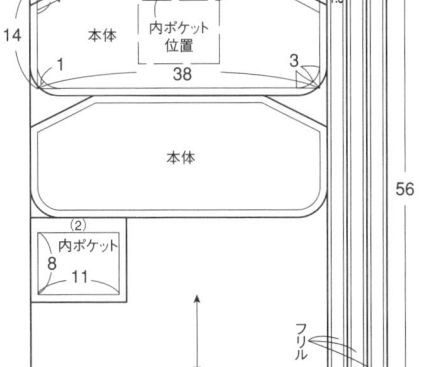

1. 本体を縫い合わせる
① 左右を縫い合わせて縫い代を割る
② 前後本体を中表に合わせて脇と底を縫う

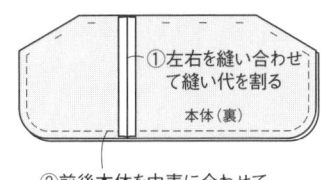

ビーズのつけ方
① 芯糸にビーズを通す
② 柄のラインにビーズを置いてコーチング・ステッチ（p.45参照）でとめつける

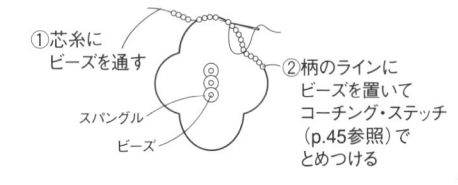

2. フリル、アップリケ、ビーズをつける
④ フリルを1.3cm間隔でつける
⑤ 柄を切り抜き、布補修ボンド（p.38参照）で貼る
⑥ ビーズ、スパングルをつける（p.45参照）

① フリルを作る
0.2～0.3mmの三つ折りにしてステッチをかける
② 中央に粗ミシンをかける
③ 糸を引いてギャザーを寄せ、16cm長さにする

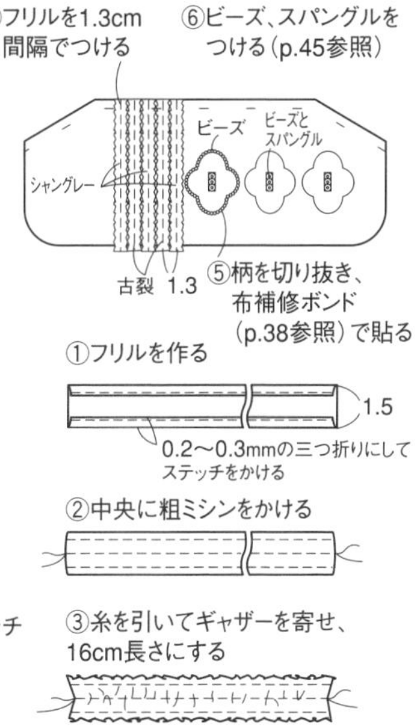

3. 中袋を縫う
① 内ポケットをつける（p.44参照）
② 前後中袋を中表に合わせて脇と底を縫う

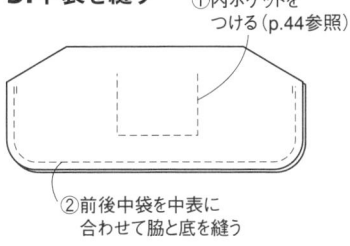

4. 入れ口を縫う
① 表布と中袋を中表に合わせ、返し口を残して入れ口を縫う
② 返し口から表に返し、返し口をまつる（p.44参照）
返し口10

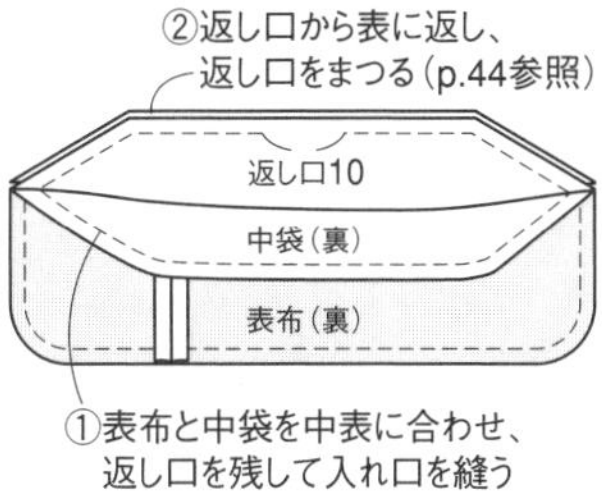

5. 口金をつける
① 本体の口を口金の中に入れる
② 接着剤を流し込む
③ 紙芯を目打ちで押し込んで固定する

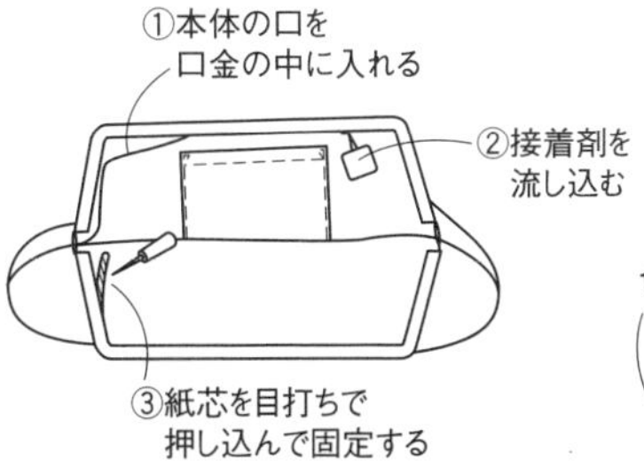

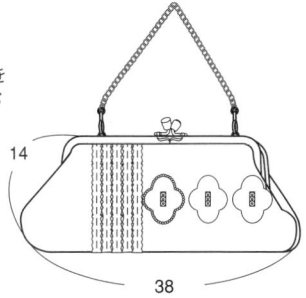

No.12 コサージュつきピンクのミニドット

>>Page.18

【材料】(バッグ)

- 表布……………古裂 34cm×56cm
  合皮エナメルの黒(ニクルス) 52cm×37cm
- 中袋……………シャンタンの焦げ茶(和泉繊維) 58cm×34cm
- 接着芯…………古裂/薄地用接着芯(クロバー) 34cm×56cm
  合皮/低温用接着芯(クロバー) 30cm×37cm
- パイピングコード……0.1cm幅の黒 155cm
- マグネットボタン……18mm薄型ブラックニッケル(クロバー) 1組
- ゴムテープ………6mm幅 18cm

(コサージュ)
- 表布……………古裂 各5.5cm×44cm
  クラッシュベロア(和泉繊維)のピンク・茶色 各5.5cm×40cm
- ブローチピン……3cm長さ 各1個

●製図と裁ち方

( )内は縫い代、指定以外は1cm
▨は薄地用接着芯、▦は低温用接着芯を貼る

表布…古裂
3 / 1
本体
12
32
45 10 底 56
本体
15
10 / 12 側面 / 側面
34

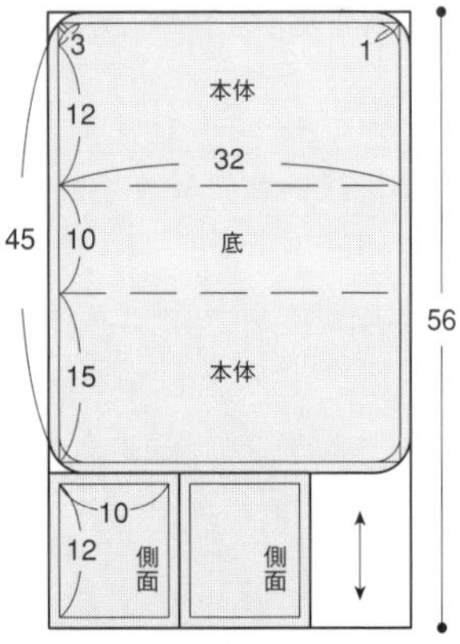

表布…合皮エナメル
4 / 32 見返し / 2.5
見返し
35 / 持ち手 37
52

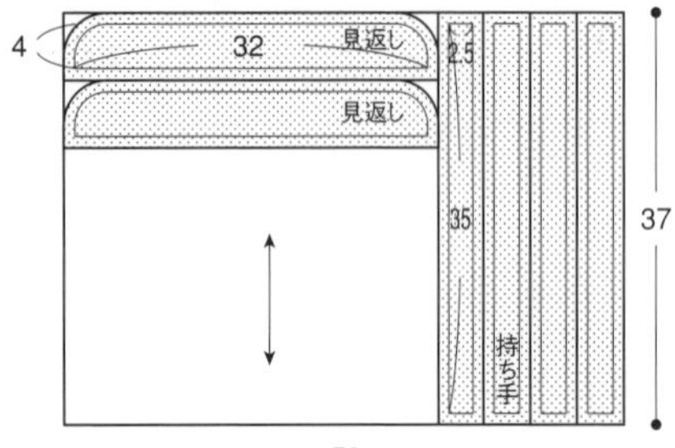

中袋…シャンタン
11 1 内ポケット位置 本体 / 12 側面 / 側面
32 10 底 返し口 (2) 内ポケット 7 13 34
11 本体 32
58

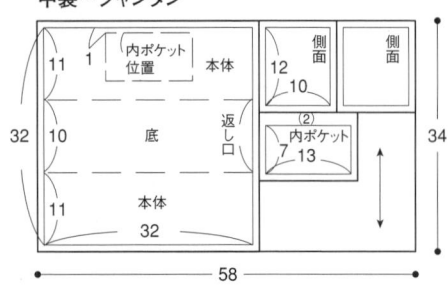

1. 側面を縫う

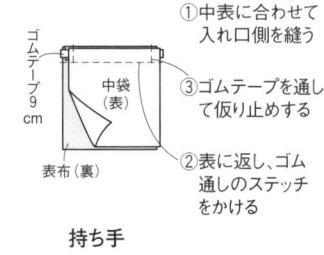

①中表に合わせて入れ口側を縫う
ゴムテープ9cm
中袋(表)
表布(裏)
③ゴムテープを通して仮り止めする
②表に返し、ゴム通しのステッチをかける

持ち手
①持ち手をでき上がりに折り、2枚合わせてステッチをかける
0.2

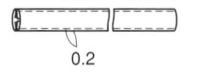

2. 表布と中袋を作る

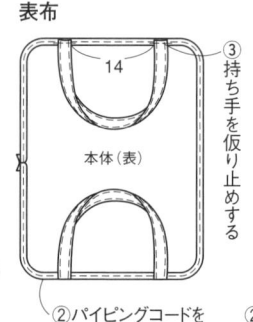

表布
14
本体(表)
③持ち手を仮り止めする
②パイピングコードを仮り止めする

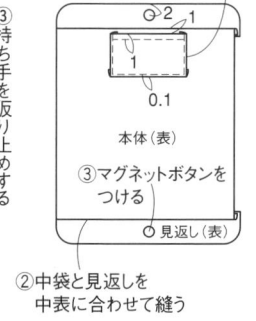

中袋
①内ポケットをつける(p.44参照)
2 / 1
1
0.1
本体(表)
③マグネットボタンをつける
見返し(表)
②中袋と見返しを中表に合わせて縫う

3. 表布、側面、中袋を縫い合わせる

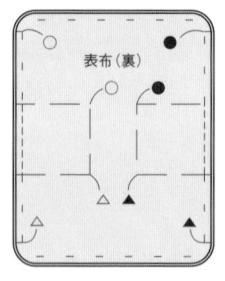

表布(裏)
①表布と側面の底を縫い合わせる
※中袋は縫わずによけておく
②表布と中袋を中表に合わせる
印と印を合わせ、返し口を残してまわりを縫う

4. 返し口をまつる

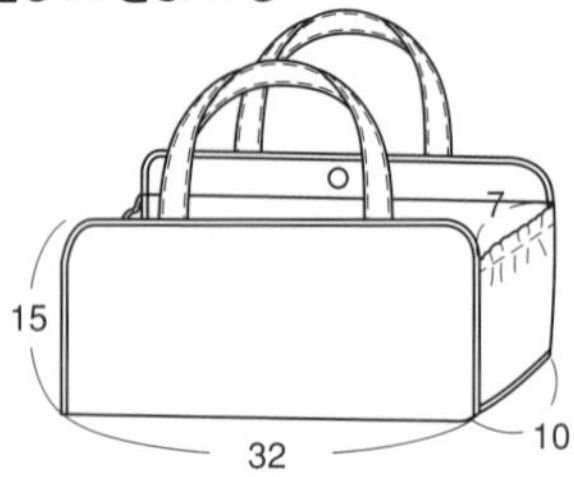

15
32 / 7 / 10
返し口から表に返し、返し口をまつる(p.44参照)

コサージュ …古裂・ベロア(各1枚)

縫い代は0.5cm
(表) 0.3
4.5
39 / 40

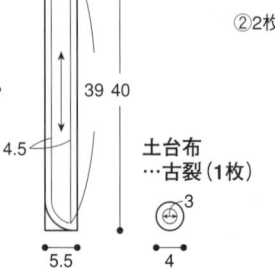

①中表に合わせまわりを縫い、表に返す 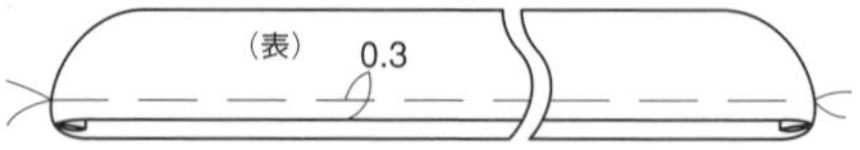
②2枚重ねてぐし縫いし、糸を引いて縮める
③形よく巻いて縫いとめ、土台布をつける 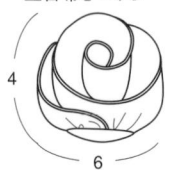
④土台布に、ブローチピンをつける

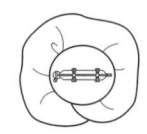

土台布…古裂(1枚)
3
5.5 / 4
4 / 6

No.13 ヴィヴィッドなふんわりバッグ

>>Page.19

【材料】
表布………古裂　36cm×57cm
中袋………シャンブレーのグレー(和泉繊維)　72cm×26.5cm
接着芯……薄地用接着芯(クロバー)　36cm×57cm
キルト芯……72cm×26.5cm
持ち手……アクリルバネつきハンドルの黒(ルミネ)　1個

●製図と裁ち方
( )内は縫い代、指定以外は1cm
□は薄地用接着芯を貼る

表布…古裂

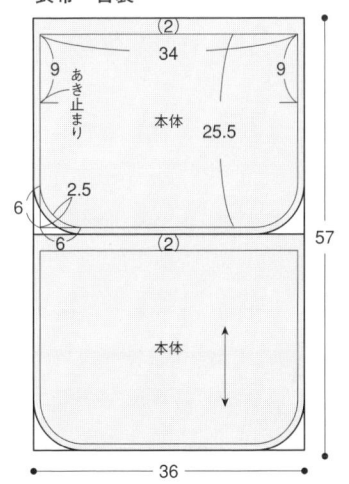

中袋・キルト芯…シャンブレー

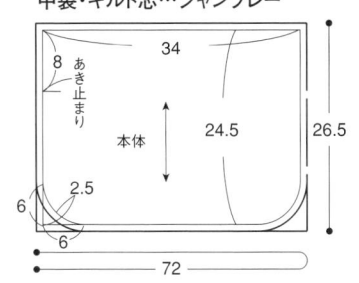

1. キルト芯を貼り、本体をあき止まりまで縫う
①表布の裏にキルト芯を貼る
②中表に合わせ、あき止まりまで縫う 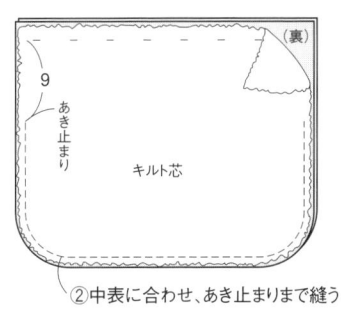

2. 表布と同様に、返し口を残して中袋を縫う

3. 表布と中袋を縫い合わせる
表布と中袋を中表に合わせ、入れ口を縫う

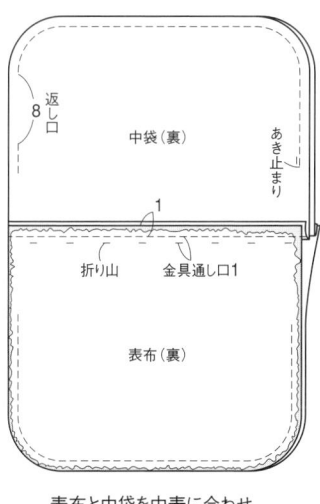

4. あきを縫う
①表布と中袋を中表に合わせ、入れ口をでき上がりに折り山で折り、あきを縫う
②返し口から表に返し、返し口をまつる (p.44参照)

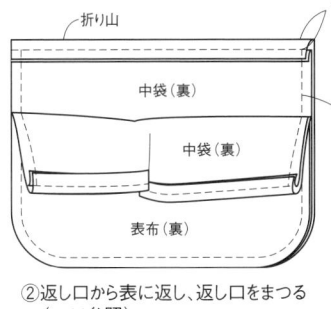

6. 持ち手をつける
①金具通し口にステッチをかけ、金具を通す
②あき止まり位置を持ち手にまつる

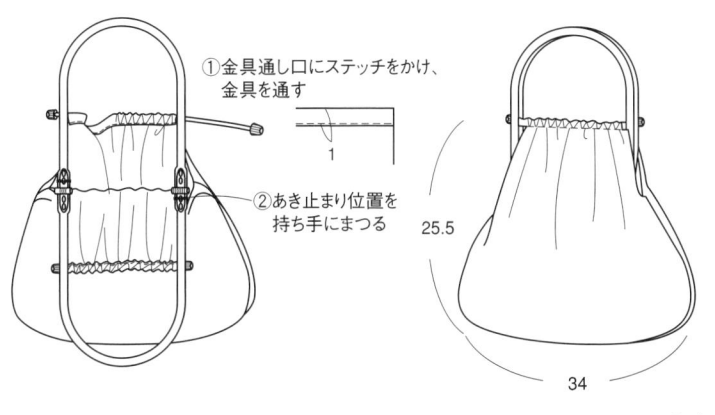

No.14 絣のバゲットタイプ

>>Page.20

【材料】
- 表布……………………古裂　30cm×38cm
  - コードレーン（和泉繊維）　108cm×13cm
- 中袋……………………サテンの青（ニクルス）　40cm×108cm
- 接着芯…………………仮接着芯（クロバー）　39cm×108cm
- ループ…………………7mm幅レザーコードのイエローオーカー（クロバー）　30cm
- ボタン…………………直径2.3cm　1個

● 製図と裁ち方
（　）内は縫い代、指定以外は1cm　□は仮接着芯を貼る

表布…古裂
- 2
- 22
- 16
- 30
- 9　3
- 9
- 本体
- （裁ち切り）
- 本体
- 38
- 30

表布…コードレーン
- 53
- 0.3
- 表持ち手　8　18
- 側面　11.5　23.5　3
- 飾り布 2　4　24.5　縁取り布
- 5
- 108
- 13

中袋…サテン
- 22
- 本体　5　2
- 内ポケット位置　16
- 30
- 9　3
- 9
- （裁ち切り）
- 本体
- 底　18　8　11.5　5　23.5　3
- （2）内ポケット　10　13
- 106
- 108
- 裏持ち手
- 40

1. 本体を作る
※④、⑤と同様に前本体も作る

- ⑤入れ口を縁取り始末する
- ②ループをつけ、飾り布をつける
- ③裏側で縫いとめる
- 0.5　4　0.1
- 3　1
- 3
- 中袋（裏）
- 後ろ表布（表）
- ④表布と中袋を外表に合せ、仮り止めする
- ⑤
- 0.1
- 後ろ中袋（表）
- 後ろ裏布
- ①中袋に内ポケットをつける（p.44参照）

2. 持ち手を作る
- 47
- （裏）
- ①中表に合わせ、持ち手部分のみ縫う
- ②表に返し、形を整える

3. 本体と表側面を縫う
- ②表本体と表持ち手を中表に合わせてまわりを縫う
- 中袋（表）
- 裏持ち手（サテン）
- ①表持ち手（底の部分になるところ）を縫い、縫い代を割る

4. 裏側面を縫う
- ②裏持ち手をでき上がりに折り、本体にまつる（p.44参照）
- 中袋（表）
- ①裏持ち手の中央を縫う

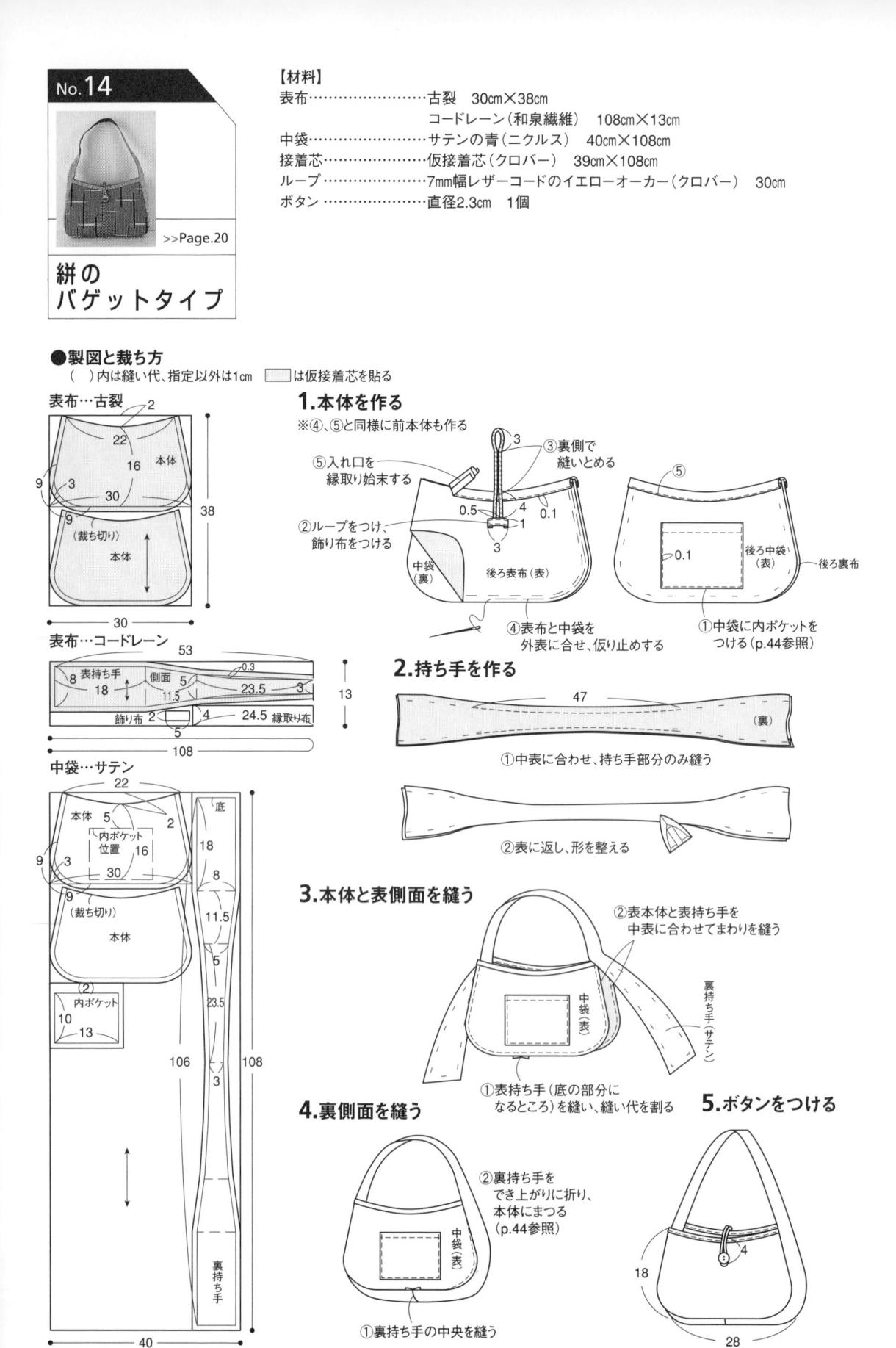

5. ボタンをつける
- 4
- 18
- 28

No.15 レースつきがま口ポシェット

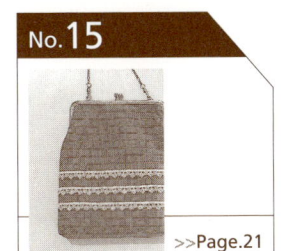

>>Page.21

【材料】
- 表布……………古裂　21cm×46cm
- 中袋……………ギンガムチェックの茶色　21cm×46cm
- 接着芯…………古裂／薄地用接着芯（クロバー）　21cm×46cm
　　　　　　　　中袋／仮接着芯（クロバー）　21cm×46cm
- トーションレース……1.2cm幅の白　126cm
- 口金……………6cm高さ×15cm幅のシルバー（ルミバー）　1個
- チェーン………105cm長さのシルバー（ルミバー）　1本

●製図と裁ち方
縫い代はすべて1cm
□は接着芯（古裂は薄地用接着芯、ギンガムチェックは仮接着芯）を貼る

表布…古裂
中袋…ギンガム

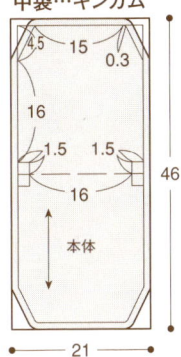

(寸法: 4.5, 15, 0.3, 16, 1.5, 1.5, 16, 46, 21, 本体)

1. 表布にレースをつける
(表)
2柄／2柄／5柄／5柄／2柄／2柄

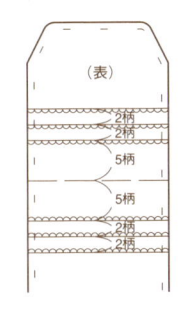

柄に合わせてレースをつける
※作品は1柄1.1cm

2. 表布の脇とまちを縫う
①中表に折って脇を縫う（裏）
②まちを縫う（p.43参照）

3. 表布と同様に、返し口を残して中袋を縫う

4. 口を縫う
①表布と中袋を中表に合わせ、入れ口を縫う
表布(裏)
②返し口から表に返し、返し口をまつる（p.44参照）
中袋(裏)
返し口 6

5. 口金をつける 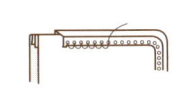
①本体を口金の中に入れ、返し縫い（p.44参照）でつける
②チェーンをつける

20.5 / 3 / 16

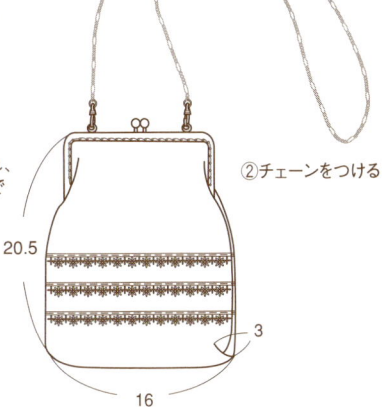

●糸と針
素敵な古裂といい型紙だけでは美しいバッグは完成しません。素材やデザインに適した糸と針を選ぶことも重要です。太い針を使うと布がつれて針の跡が残ってしまい、細い針と太い糸を組み合わせると、糸が切れたり縫い縮みをおこしたりしてしまいます。下の図を参考に、適切な糸と針を選びましょう。また、試し縫いをしてみることも大切です。

生地		ミシン針	ミシン糸
絹	薄地（縮緬、オーガンジーなど）	7・9番	絹ミシン糸　50・100番 ポリエステル糸 80番
	厚地（紬、御召、シャンタンなど）	9・11番	絹ミシン糸　50番
綿・麻	普通地（ブロード、ギンガムなど）	11番	カタン糸　60・80番 ポリエステル糸　60番
	厚地（デニム、ギャバジンなど）	11・14番	カタン糸　50番 ポリエステル糸　60番
毛	厚地（ベロア、ツイードなど）	11・14番	絹ミシン糸　50番

No.16 帯上げの変形がま口

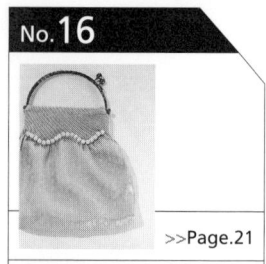

>>Page.21

【材料】
- 表布……………帯上げ（1本） 29cm×66cm
- 中袋……………ギンガムチェックの茶色 29cm×41cm
- 接着芯…………仮接着芯（クロバー） 29cm×41cm
- 口金……………15cm高さ×15cm幅のブラック（ルミネ） 1組
- 糸巻きビーズ……直径0.8cmの白 40個
- 丸小ビーズ………直径0.2cmの茶色 38個

●製図と裁ち方
縫い代はすべて1cm　▨は仮接着芯を貼る

表布…帯上げ
- 約17 見返し
- 7
- 7 折り山
- 18
- 1.5　24　1.5
- 29
- 66

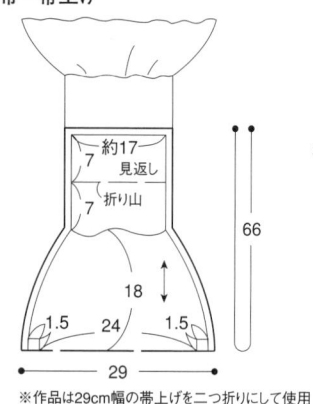

※作品は29cm幅の帯上げを二つ折りにして使用

中袋…ギンガムチェック
- 27
- 18　本体
- 1.5　24　1.5
- 39
- 41
- 本体
- 29

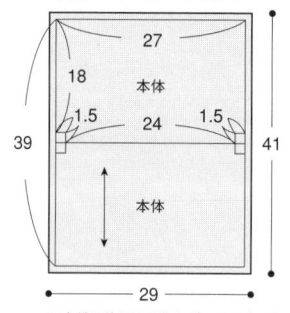

※中袋は使用する帯上げのサイズに合わせる

1. 本体の脇とまちを縫う
① 中表に折って、あき止まり（絞りの部分）まで脇を縫う
② 縫い代を片返してまちを縫う
- 表布（裏）
- 3

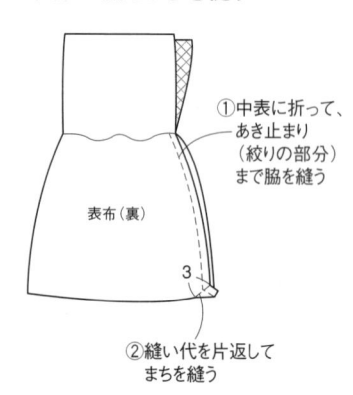

2. 見返しと中袋を縫い合わせる
② 見返しと中袋を中表に合わせて縫い、縫い代を見返し側に片返して表からステッチをかける
- 表布（表）
① 中袋のタックをたたむ
- 中袋（表）
- 6　6
- 1　1

※3cmのタックを4本

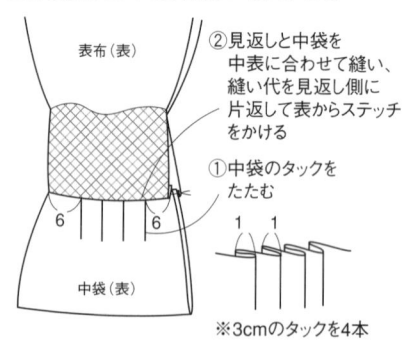

3. 中袋の脇とまちを縫う
① 脇を縫い、縫い代を割る
- 表布（裏）
- 中袋（裏）
② 縫い代を割ってまちを縫う
- 3

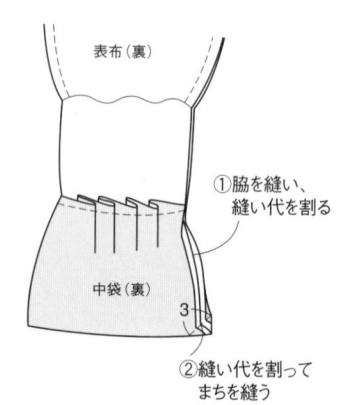

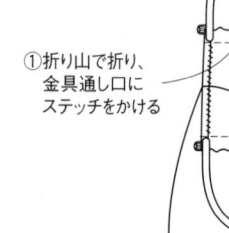

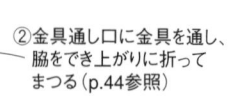

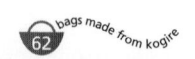

4. 口金をつけて脇をまつる
① 折り山で折り、金具通し口にステッチをかける
- 1
② 金具通し口に金具を通し、脇をでき上がりに折ってまつる（p.44参照）

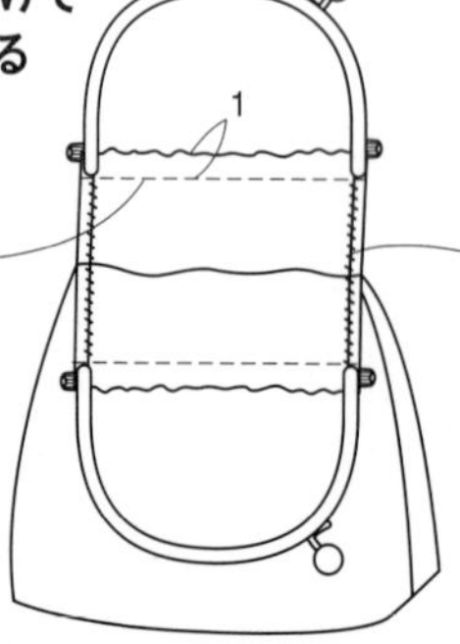

5. ビーズをつける
柄にそってビーズをつける（p.45参照）
- 糸巻きビーズ
- 丸小ビーズ

No.17 ファンシープリーツのがま口

>>Page.22

【材料】
表布………古裂　24cm×44cm
底布………モアレドビーのオフホワイト　32cm×8cm
中袋………シルクシャンタンのグレー　32cm×28cm
接着芯……薄地用接着芯(クロバー)　24cm×44cm
口金………14cm幅×4cm高さのシルバー(ルミネ)　1個
チェーン……120cm長さのシルバー(ルミネ)　1本

●製図と裁ち方
縫い代はすべて1cm
□は薄地用接着芯を貼る

表布…古裂
22
20
5　11.5　5.5
44
24

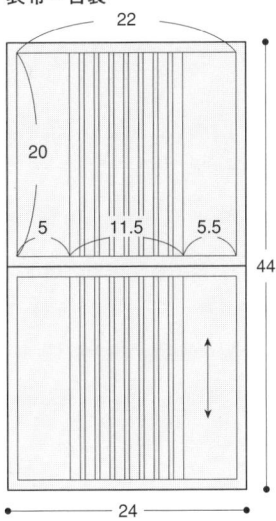

底布…モアレドビー
4　2
10
8
32

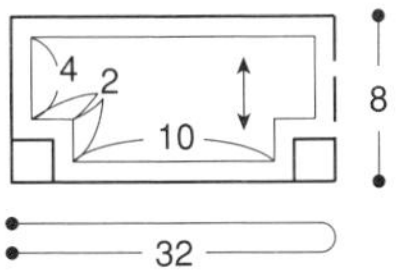

中袋…シルクシャンタン
2.7
24　19.5　28
2
10
32

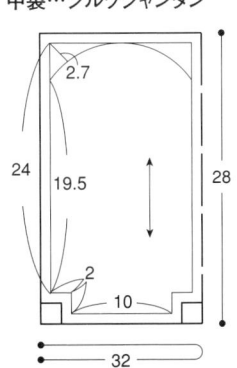

1. 本体にファンシープリーツを作る

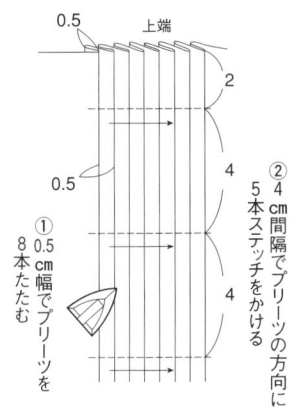

0.5　上端
0.5
2
4
4

① 0.5cm幅でプリーツを8本たたむ
② 4cm間隔でプリーツの方向に5本ステッチをかける

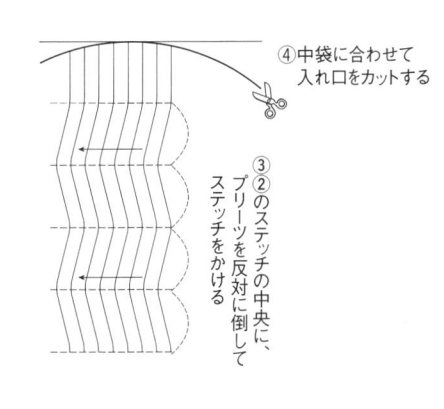

④ 中袋に合わせて入れ口をカットする
③ ②のステッチの中央に、プリーツを反対に倒してステッチをかける

2. 本体と底布を縫い合わせる

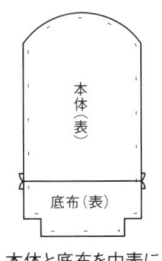

本体(表)
底布(表)

本体と底布を中表に合わせて縫う

3. 表布、中袋の脇と底をそれぞれ縫う

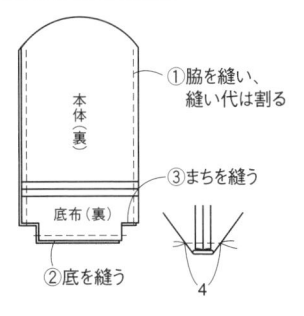

本体(裏)
底布(裏)

① 脇を縫い、縫い代は割る
③ まちを縫う
② 底を縫う
4

4. 口金をつける

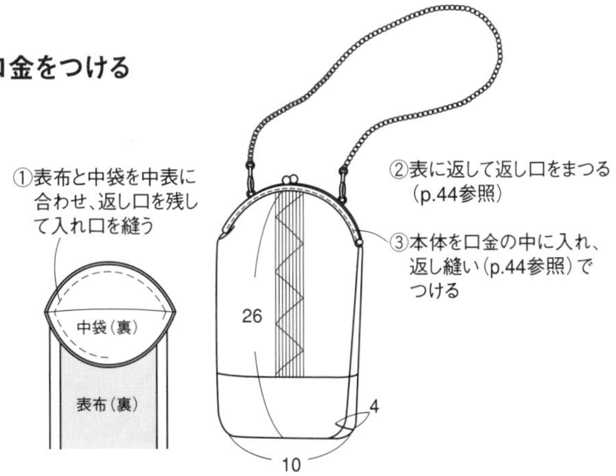

① 表布と中袋を中表に合わせ、返し口を残して入れ口を縫う

中袋(裏)
表布(裏)

26
4
10

② 表に返して返し口をまつる(p.44参照)
③ 本体を口金の中に入れ、返し縫い(p.44参照)でつける

No.18 a b

>>Page.23

ギャザーの
ロングバゲット

【材料】
表布………古裂　各22cm×104cm
持ち手……クラッシュベロア(和泉繊維)のaグレー・bピンク　各8cm×37cm
結束布……合皮のオフホワイト(ニクルス)　各29cm×5.5cm
中袋………シャンタン(和泉繊維)のaグレー・bピンク　各44cm×52cm
接着芯……古裂／薄地用接着芯(クロバー)　各44cm×52cm
　　　　　　ベロア／仮接着芯(クロバー)　各8cm×37cm
　　　　　　結束布／低温用接着芯(クロバー)　29cm×5.5cm
ファスナー…30cm長さaピンク・b黄色　各1本
ビーズ……丸ビーズのa赤紫36個・bダークグリーン40個
刺しゅう糸…aブルーグリーン・bピンク　各適宜

●製図と裁ち方
縫い代はすべて1cm　□は薄地用接着芯、■は仮接着芯、▨は低温用接着芯を貼る

表布…古裂

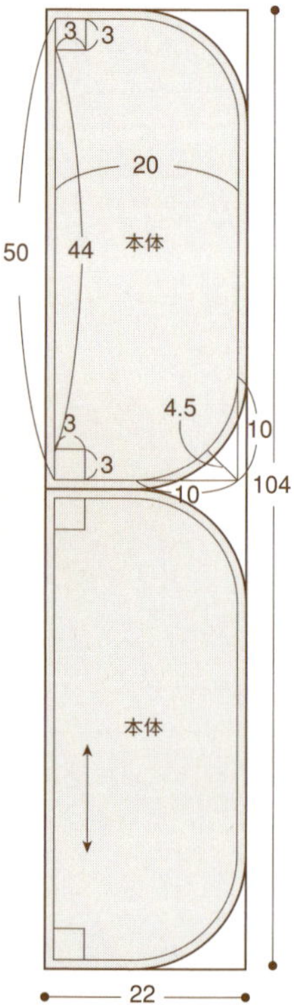

中袋…シャンタン

結束布…合皮

持ち手…ベロア

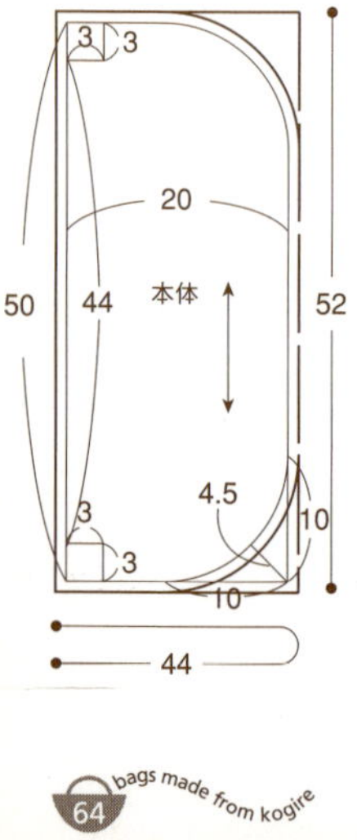

1.ファスナーをつける
①あき止まりまで中縫いする
②入れ口に粗ミシンをかけ、糸を引いてギャザーを寄せギャザーが均等になるように整えてファスナーをつける

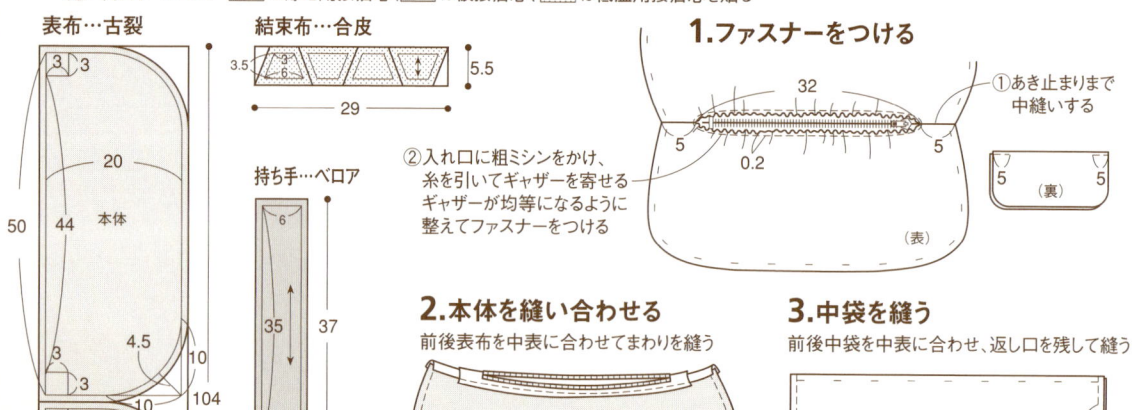

2.本体を縫い合わせる
前後表布を中表に合わせてまわりを縫う

3.中袋を縫う
前後中袋を中表に合わせ、返し口を残して縫う

4.持ち手を縫う
①中表に二つ折りにして縫い、表に返す 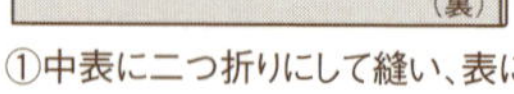
②縫い目が中央になるようにしてアイロンをかける 
③両端にステッチをかける 

5.中袋をファスナーにつける
①表布と同様に中袋の入れ口にギャザーを寄せる
②ファスナーにつける
③返し口から表に返し、返し口をまつる(p.44参照)

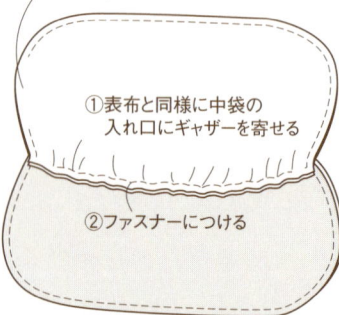

6.持ち手をつける
①まちを縫う要領で本体の先端を三角にたたみ、ミシンで縫う
②結束布をでき上がりに折り、本体と持ち手を挟んでミシンをかける
※本体と持ち手を仮り止めしておいてもよい

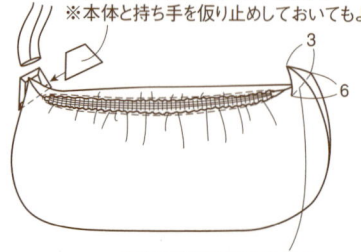

7.結束布にビーズ刺しゅうをする
図案通りにアウトラインステッチをし、ビーズをつける(p.45参照)

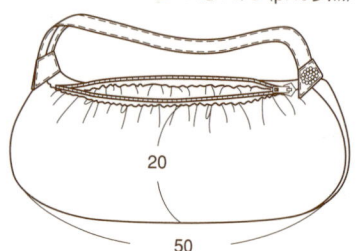

●実物大
刺しゅう図案
a
b

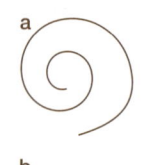

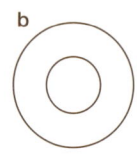

No.19 リボンでチェック

>>Page.24

【材料】
表布……………古裂　37cm×92cm
表持ち手………古裂　8cm×42cm
中袋……………サテンの黄色（ニクルス）49cm×73cm
接着芯…………仮接着芯（クロバー）65cm×50cm
トーションレース……2cm幅の白　200cm
サテンリボン………0.3cm幅　えんじ色92cm・クリーム色108cm
ファスナー…………30cm長さのダークグリーン　1本
ボタン………………直径2cmのえんじ色　6個

● 製図と裁ち方
（　）内は縫い代、指定以外は1cm
□は仮接着芯を貼る

表布…古裂

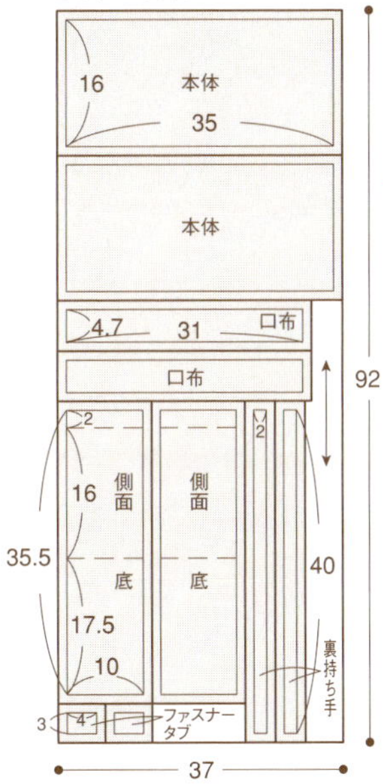

本体 16 / 35
本体
口布 4.7 / 31
口布
側面 16 / 側面 / 底 / 底 / 40
35.5
17.5
10
3　4　ファスナータブ
37
裏持ち手
2　40　42
8

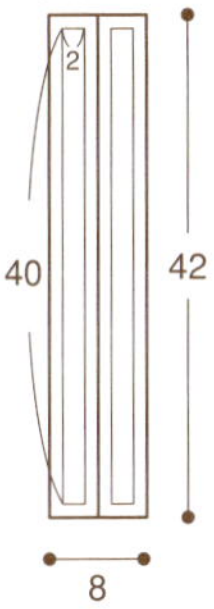

中袋…サテン
本体 16 / 35
本体
口布 4.5 / 31
口布
側面 16 / 35 / 16　73
2
10
49

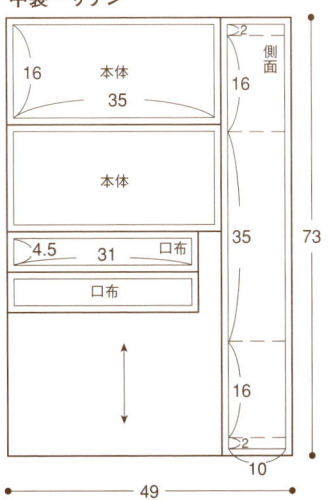

1. 口布にファスナーをつける
ファスナーを出す
0.1　口布（表）　0.6
0.1
口布をでき上がりに折り、ファスナーに重ねてステッチをかける

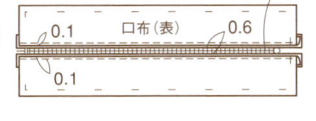

2. 口布と側面を縫い合わせる
4　0.1
4　2
②口布と側面を中表に合わせ、タブを挟んで縫い、縫い代を側面側に倒してステッチをかける（p.44参照）
①タブを縫う
中表に二つ折りにして縫う
表に返し、縫い目が中央になるようにしてアイロンをかける
二つ折りにする
1.5　1.5　3
③底の中央を縫う

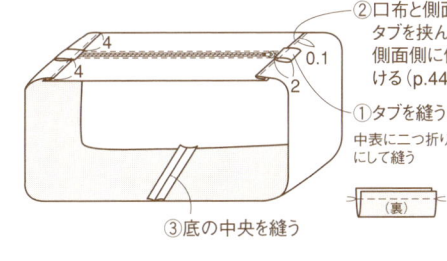

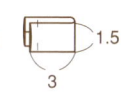

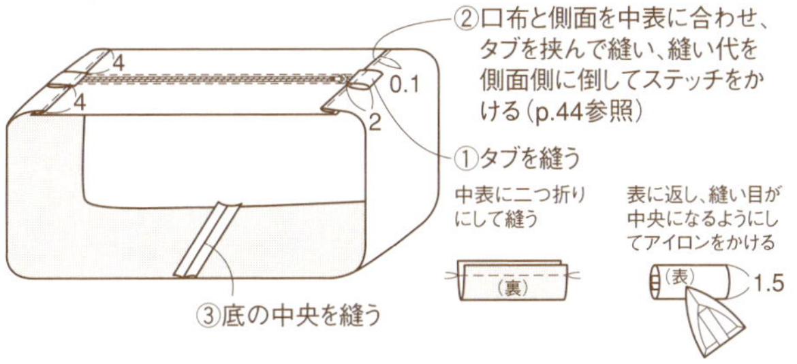

3. 本体にリボンと持ち手をつける
17
7　7.5　7.5　7　0.2
縞（表）
②持ち手を縫い、つけ位置に仮止めする
でき上がりに折って2枚合わせ、ステッチをかける
①トーションレースにサテンリボンのクリーム色を通し、本体につける

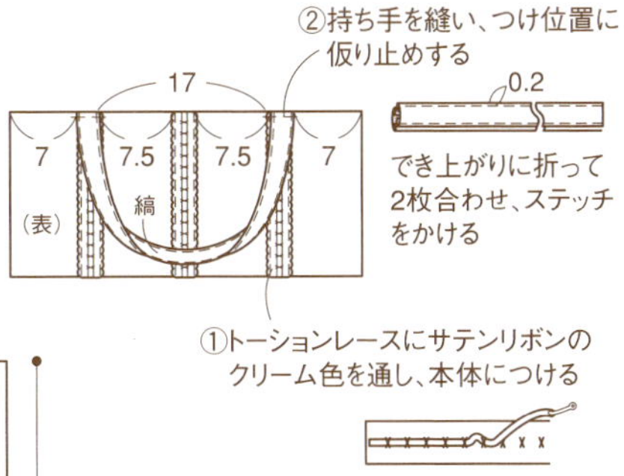

4. 本体と側面を縫い合わせる
⑥ファスナー口から表に返す
①ファスナーをあけておく
②前本体と側面を縫い合わせる
③後ろ本体の縦の一辺と側面を縫い合わせる
⑤後ろ本体の残った部分と側面を縫い合わせる
④えんじ色のサテンリボンを通したトーションレースをつける

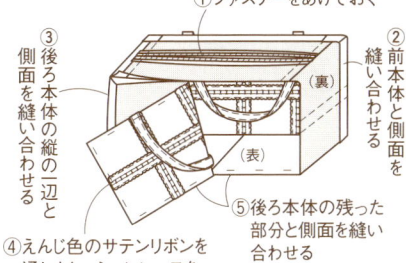

5. 中袋を縫う
①入れ口を1cm折る
1
②口布と側面を縫い合わせる
本体（裏）　裏
③本体と側面を縫い合わせる

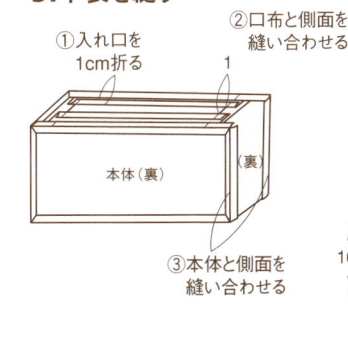

6. 中袋、ボタンをつける
①外表になるように表布に中袋を入れ、入れ口をファスナーにまつる（P.44参照）
16
10
35
②ボタンをつける

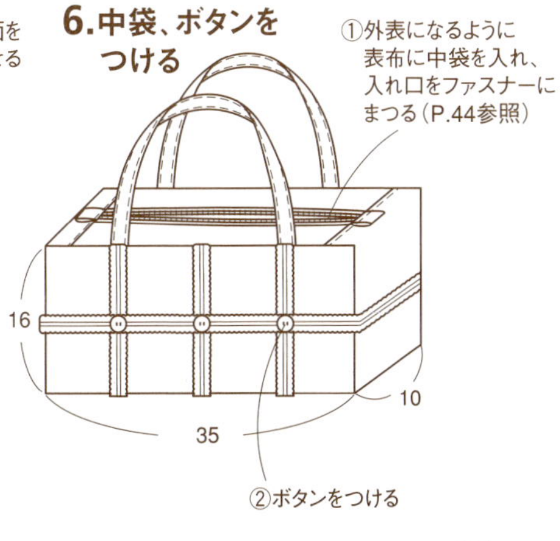

No.20 森林模様のボックスバッグ

>>Page.25

【材料】
- 表布……………古裂A　36cm×44cm
- 　　　　　　　　古裂B　36cm×85cm
- 中袋・裏持ち手……コードレーン（和泉繊維）　73cm×44cm
- 接着芯…………仮接着芯（クロバー）　60cm×67cm
- リボン…………3.3cm幅のバラ柄　82cm
- トーションレース…1.4cm幅の白　92cm
- スナップボタン……直径1cm　1個

●製図と裁ち方
( )内は縫い代、指定以外は1cm
□は接着芯を貼る

表布…古裂A（森林模様）
- 本体　34×15.5
- 本体
- タブ　3×6.5
- 全体 36×44

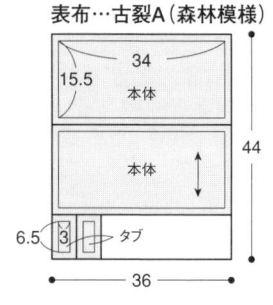

表布…古裂B（縞）
- 本体口布　34×3.5、折り山3.5、7
- 本体口布　11
- 側面口布　3.5×3.5、11.7、15.5
- 側面底　34、65
- 側面　15.5
- 全体 36×85

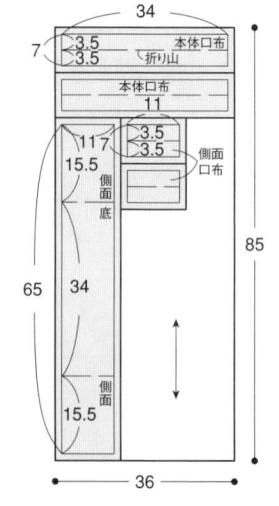

中袋…コードレーン
- 本体　34×15.5
- 底　11×39
- 本体　15.5
- 裏持ち手 3.3、15.5、11
- 側面 11×15、側面 15.5
- 42、44、73

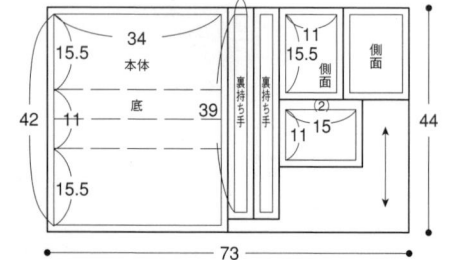

1.本体と側面・底を縫い合わせる
① 本体と側面・底を中表に合わせて縫う
② 縫い代を割る
③ レースを仮り止めする

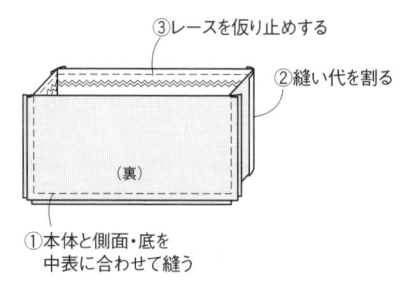

2.中袋を縫う
① 内ポケットをつける（P.44参照）
② 本体と側面を中表に合わせて縫う
③ 縫い代を割る

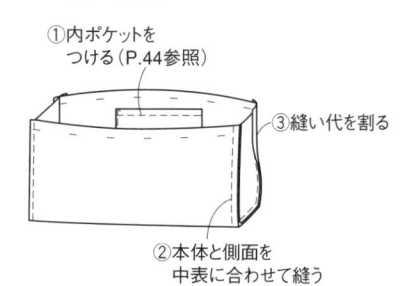

3.口布を縫い合わせる
① 本体口布と側面口布を中表に合わせて縫う
② 縫い代を割る

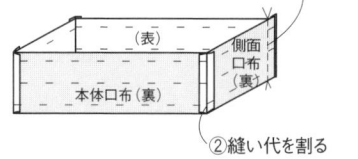

4.持ち手とタブを縫う
持ち手
① 裏持ち手をでき上がりに折る
② リボンをのせてステッチをかける　0.2

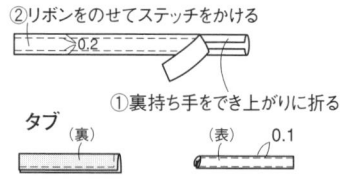

タブ
① 中表に二つ折りにして縫う
② 表に返してステッチをかける　0.1

5.持ち手とタブを口布に仮り止めする
リボン、口布（表）、10

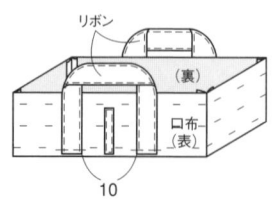

6.表布、中袋、口布を縫い合わせる
① 表布と口布を中表に合わせ、レースを挟んで縫う
② 口布と中袋を中表に合わせ、返し口を残して縫い、表に返す

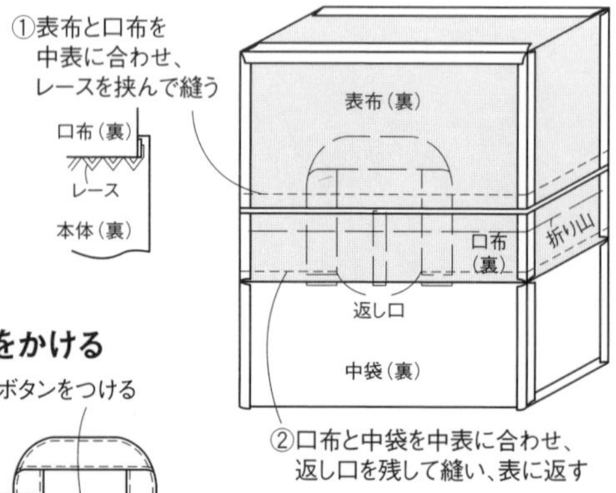

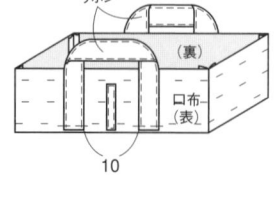

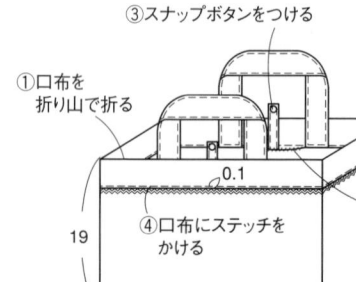

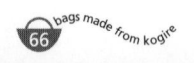

7.口布にステッチをかける
① 口布を折り山で折る
② 返し口をまつる（p.44参照）
③ スナップボタンをつける
④ 口布にステッチをかける　0.1
19、34、11

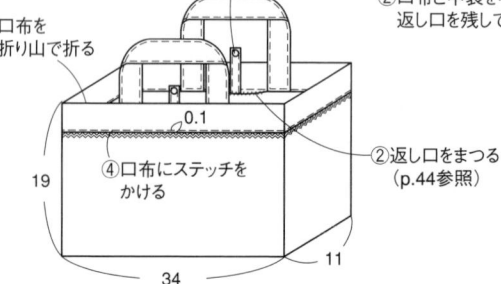

No.21 a b

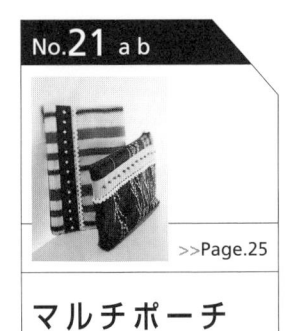

>>Page.25

マルチポーチ

【材料】
- 表布……………古裂　各22cm×32cm
- 中袋……………シルクシャンタンの茶色　各44cm×16cm
- 接着芯…………仮接着芯（クロバー）　各44cm×16cm
- グログランリボン…2.5cm幅のa紺・bグレー　各44cm
- トーションレース…1.3cm幅の白　各44cm
- ファスナー……20cm長さのaえんじ色・b紺　各1本
- ビーズ…………直径3.5mmパールビーズのa白・b茶色　各26個

● 製図と裁ち方
縫い代はすべて1cm
☐ は表布に仮接着芯を貼る

表布…古裂
中袋…シャンタン

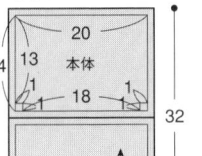

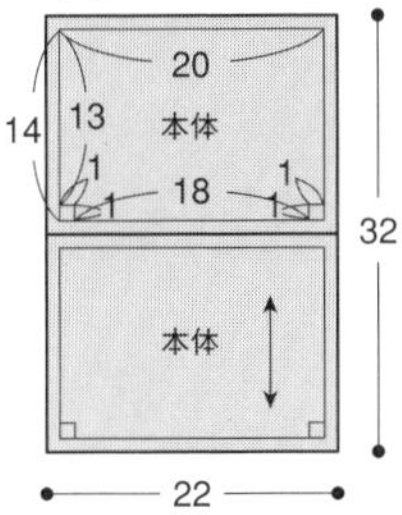

（本体：20、13、14、1、18、1、32、22）

1. レースとグログランリボンをつける
- ②ファスナーをつける 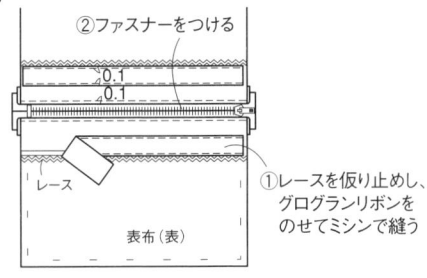
- 0.1
- レース
- 表布（表）
- ①レースを仮り止めし、グログランリボンをのせてミシンで縫う

2. 脇、底、まちを縫う
- ②まちを縫う
- （裏）
- ①脇と底を縫う

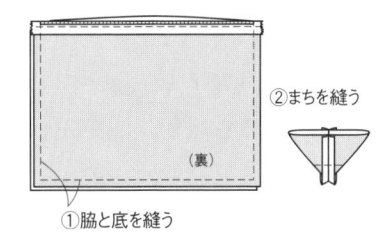

3. 中袋を縫い、ファスナーにつける
- ①返し口を残して脇と底を縫う
- ②まちを縫う
- 返し口 6
- 中袋（裏）
- 本体（裏）
- ③中袋（表）とファスナー（裏）を合わせ、入れ口を縫うところまでミシンで縫う

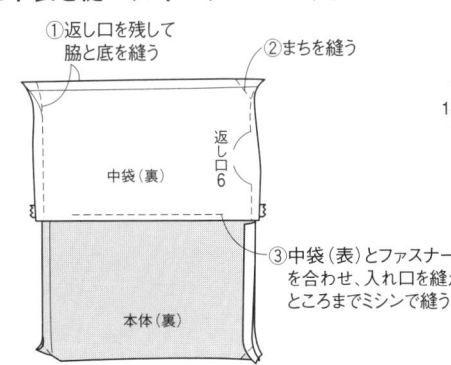

4. 返し口をまつる
- ②中袋の縫い残しをまつる（p.44参照）
- ①表に返し、中袋の返し口をまつる（p.44参照）
- ③ビーズをつける
- 14、1.5、2、18

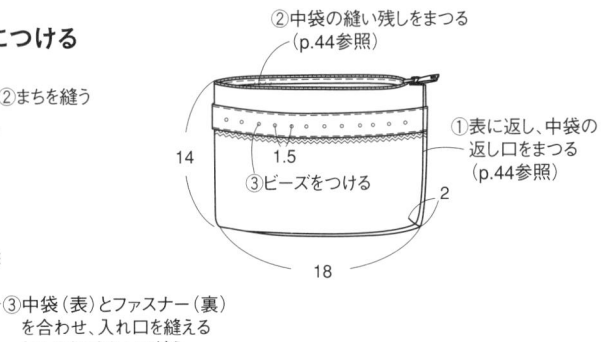

● アイロンがけ
仕上げにかけるのはもちろん、縫製の段階でのアイロンがけも、きれいなバッグを作るのに欠かせない作業です。古裂はデリケートなものが多いので、ルールを守って正しくアイロンをかけましょう。また、アイロンがけは生地の状態を確認できるチャンスなので、しみやほつれなどもチェックするといいでしょう。

【道具】
スチームとドライが切り替えられるアイロンがおすすめです。アイロン台のほかに、まんじゅうなども用意しておくと、立体的な作品には便利です。当て布は未晒しの薄手木綿などを使います。

【適正温度】

麻・綿	高温（180～210℃）
毛・絹	中温（140～160℃）
化繊	低温（80～120℃）

No.22 サークルバッグ

>>Page.27

【材料】
表布……………古裂　32cm×58cm
表持ち手………合皮ウォッシャブルレザーのダークレッド（和泉繊維）　16cm×57cm
中袋……………シャンブレーの青（和泉繊維）　48cm×59cm
接着芯…………古裂／仮接着芯（クロバー）　64cm×25cm
　　　　　　　　合皮／低温用接着芯（クロバー）　16cm×57cm
ファスナー……30cm長さのワイン色　1本
レース…………2.5cm幅の茶色　64cm

● 製図と裁ち方
縫い代はすべて1cm　▓ は仮接着芯、▓ は低温用接着芯を貼る

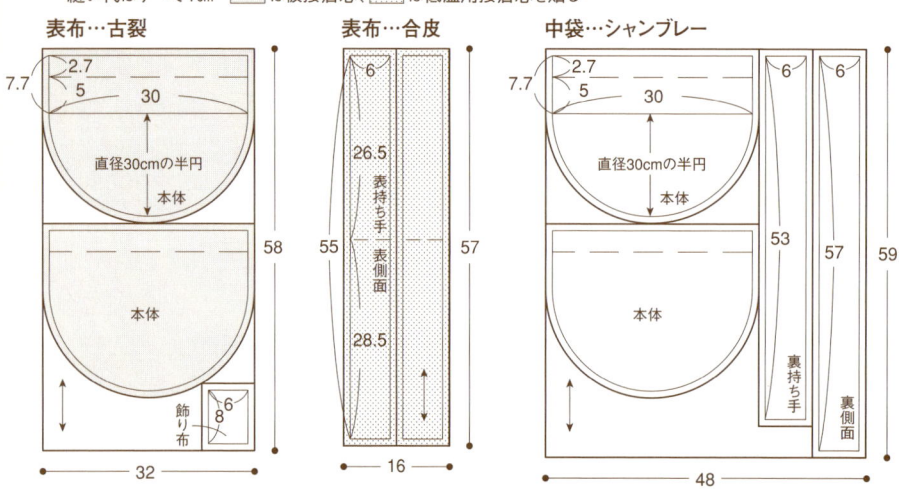

表布…古裂
2.7 / 7.7 / 5 / 30
直径30cmの半円　本体
58
本体
32
飾り布 6/8

表布…合皮
6
26.5　表持ち手・表側面
55
28.5
57
16

中袋…シャンブレー
2.7 / 7.7 / 5 / 30
直径30cmの半円　本体
53　裏持ち手
57　裏側面
59
48

1. 本体の入れ口にファスナーをつける
② ファスナーが0.5cm出るようにしてステッチをかける
0.5
0.1
① 入れ口にレースを重ね、本体と2枚合わせてでき上がりに折る

2. 持ち手を作る
① 表持ち手の上側になる中央を縫い合わせる
裏持ち手（裏）　表持ち手（表）
② 表裏持ち手を中表に合わせて縫う
③ 表に返し、アイロンで整える
裏持ち手（表）　表持ち手（裏）
④ 表持ち手の底を縫い合わせる
0.2

3. 本体と側面を縫い合わせる
① ファスナーをあけておく
② 持ち手のつけ止まりと本体を縫う
持ち手　本体（裏）　側面（裏）
表持ち手（表）　本体（表）
③ 本体と側面（表持ち手）を中表に合わせて縫い、入れ口から表に返す

4. 中袋を縫う
① 入れ口をでき上がりに折る
1　1あける
② まちを縫う
1
中袋（裏）
③ 本体と側面を中表に合わせて縫う
④ 外表になるように表布の内側に中袋を入れ、中袋の入れ口をファスナーの裏にまつる（p.44参照）

5. 持ち手に飾り布をつける
② 持ち手の上中央に飾り布をつける
0.2
① 持ち手にステッチをかける
30
20

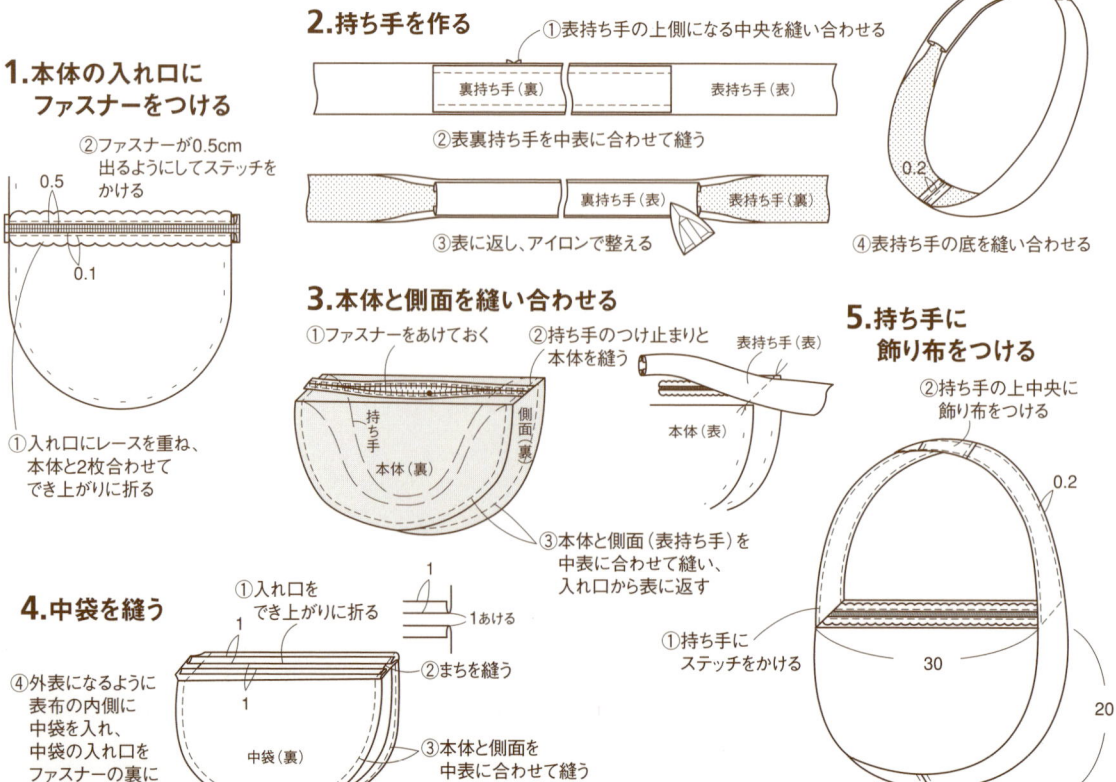

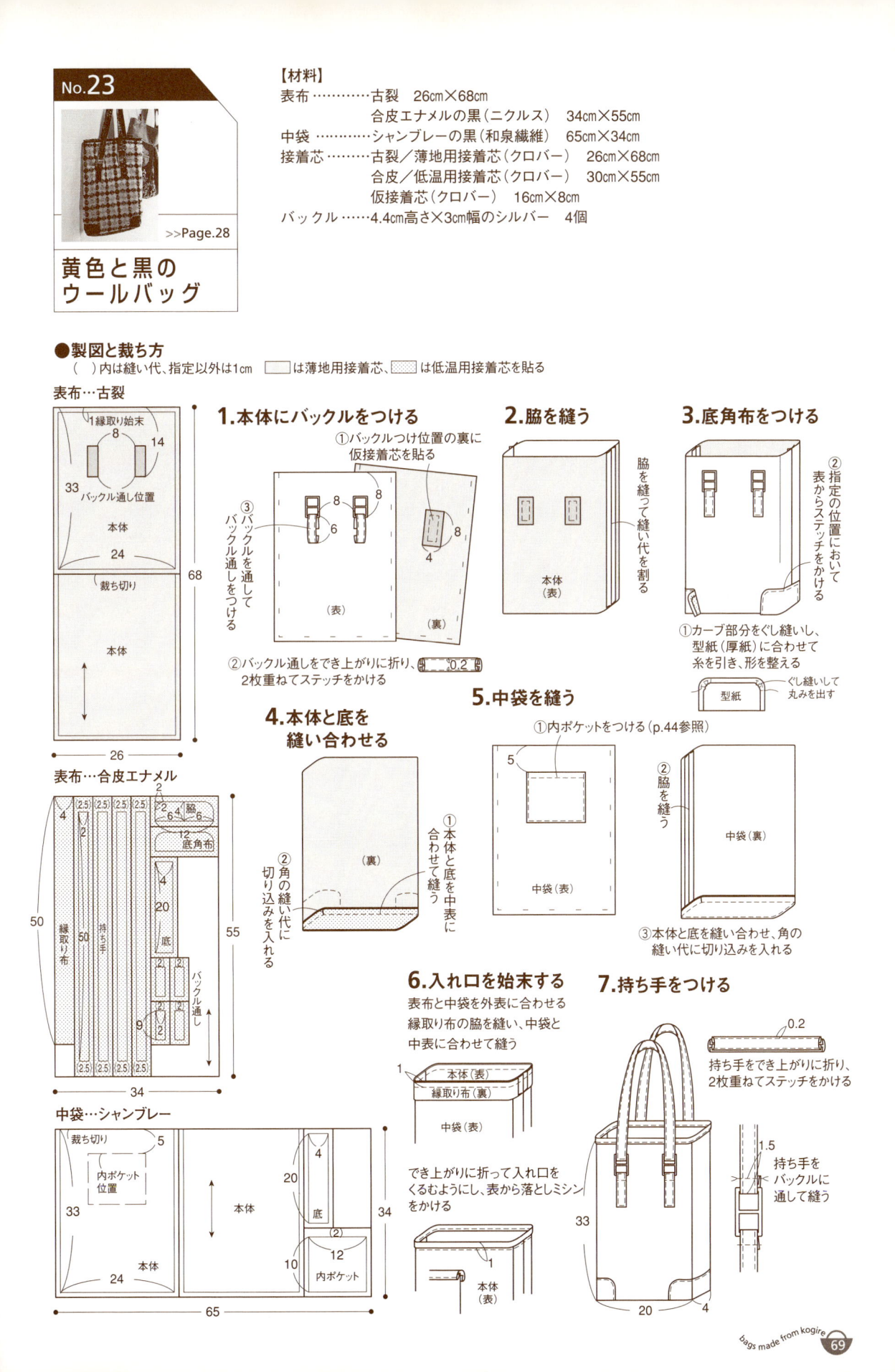

No.23 黄色と黒のウールバッグ

>>Page.28

【材料】
- 表布………古裂　26cm×68cm
- 　　　　　合皮エナメルの黒（ニクルス）　34cm×55cm
- 中袋………シャンブレーの黒（和泉繊維）　65cm×34cm
- 接着芯……古裂／薄地用接着芯（クロバー）　26cm×68cm
- 　　　　　合皮／低温用接着芯（クロバー）　30cm×55cm
- 　　　　　仮接着芯（クロバー）　16cm×8cm
- バックル……4.4cm高さ×3cm幅のシルバー　4個

●製図と裁ち方
（　）内は縫い代、指定以外は1cm　▨は薄地用接着芯、▨は低温用接着芯を貼る

表布…古裂

表布…合皮エナメル

中袋…シャンブレー

1.本体にバックルをつける
① バックルつけ位置の裏に仮接着芯を貼る
③ バックルを通してバックル通しをつける
② バックル通しをでき上がりに折り、2枚重ねてステッチをかける

2.脇を縫う
脇を縫って縫い代を割る

3.底角布をつける
② 指定の位置において表からステッチをかける
① カーブ部分をぐし縫いし、型紙（厚紙）に合わせて糸を引き、形を整える
ぐし縫いして丸みを出す

4.本体と底を縫い合わせる
① 本体と底を中表に合わせて縫う
② 角の縫い代に切り込みを入れる

5.中袋を縫う
① 内ポケットをつける（p.44参照）
② 脇を縫う
③ 本体と底を縫い合わせ、角の縫い代に切り込みを入れる

6.入れ口を始末する
表布と中袋を外表に合わせる
縁取り布の脇を縫い、中袋と中表に合わせて縫う
でき上がりに折って入れ口をくるむようにし、表から落としミシンをかける

7.持ち手をつける
持ち手をでき上がりに折り、2枚重ねてステッチをかける
持ち手をバックルに通して縫う

No.24

>>Page.29

スウェードを組み合わせた 2ポケット

【材料】
- 表布……………古裂　34cm×60cm
　　　　　　　　合皮スウェードのモスグリーン(和泉繊維)　55cm×61cm
- 中袋……………シルクシャンタンのピンク　57cm×50cm
- 接着芯…………古裂／仮接着芯(クロバー)　55cm×38cm
　　　　　　　　合皮／低温用接着芯(クロバー)　55cm×61cm
- 飾りベルト……1.5cm幅×10cm長さの茶色　2個
- マグネットボタン……18mm薄型アンティークゴールド(クロバー)　1組

●製図と裁ち方

( )内は縫い代、指定以外は1cm　▨は仮接着芯、▨は低温用接着芯を貼る

表布…古裂
- 44 / 60 / 34
- 3, 20, 2.5
- 38, 33
- 6, 6
- 裏持ち手
- 前本体
- 3
- 8.5, 11, 4, 1.7
- (2)
- 表ポケット

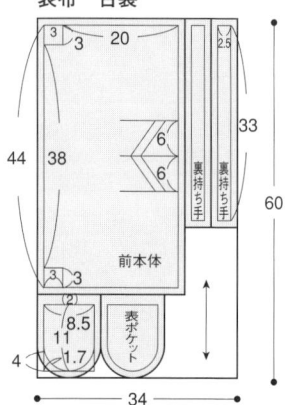

表布…合皮スウェード
- 23, 61 / 55
- 6, 20, 2.5, 33
- 後ろ本体
- 3, 38, 3
- 7, 32, 9, 4.5
- 口布
- 口布
- 7, 32, 見返し
- フラップ
- 見返し

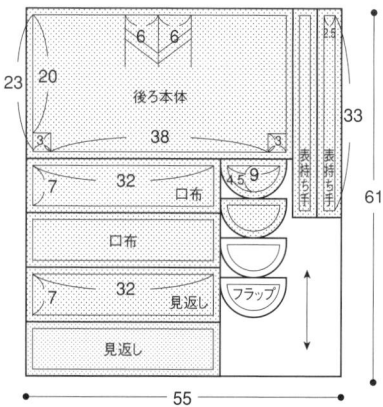

中袋…シルクシャンタン
- 50 / 57
- 6, 6, 8.5, 10, 4, 1.7
- 20
- 中袋
- 3, 38
- 裏ポケット
- 中袋

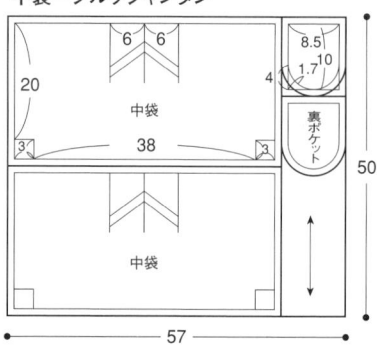

1.表布にポケットとフラップをつける

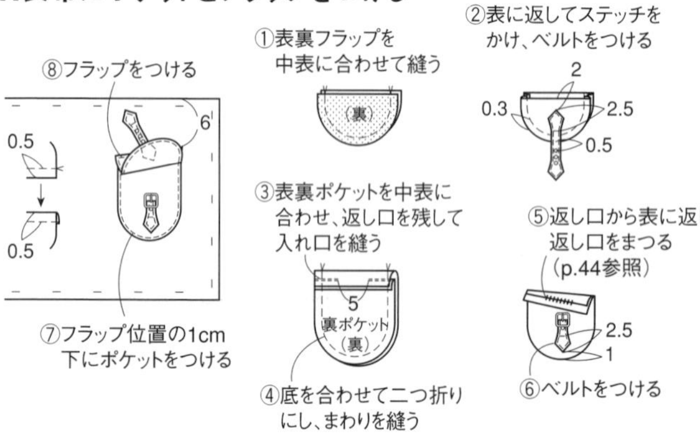

- ⑧フラップをつける
- 0.5 / 0.5 / 6
- ⑦フラップ位置の1cm下にポケットをつける
- ①表裏フラップを中表に合わせて縫う
- ③表裏ポケットを中表に合わせ、返し口を残して入れ口を縫う
- 5 裏ポケット(裏)
- ④底を合わせて二つ折りにし、まわりを縫う
- ②表に返してステッチをかけ、ベルトをつける
- 2, 0.3, 2.5, 0.5
- ⑤返し口から表に返し、返し口をまつる(p.44参照)
- ⑥ベルトをつける
- 2.5, 1

2.表布、中袋の脇、底、まちをそれぞれ縫う

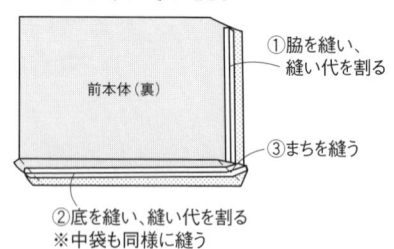

- ①脇を縫い、縫い代を割る
- ③まちを縫う
- ②底を縫い、縫い代を割る
- ※中袋も同様に縫う
- 前本体(裏)

3.持ち手を作る

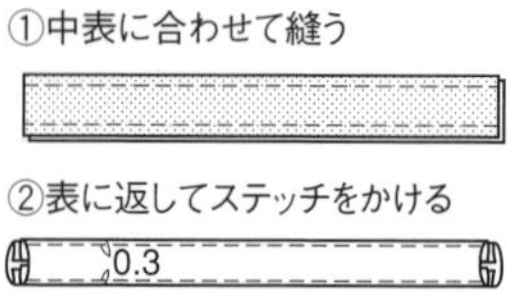

- ①中表に合わせて縫う
- ②表に返してステッチをかける
- 0.3

4.口布をつける

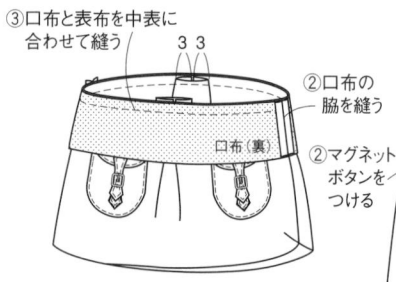

- ③口布と表布を中表に合わせて縫う
- 3　3
- ②口布の脇を縫う
- 口布(裏)
- ①表布と中袋を外表に合わせてタックをたたむ

5.見返しをつける

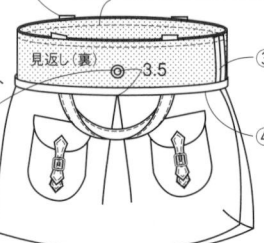

- ①口布に持ち手を仮り止めする
- ⑤見返しと口布を中表に合わせ、入れ口を縫う
- 見返し(裏)　3.5
- ②マグネットボタンをつける
- ③見返しの脇を縫う
- ④見返しをでき上がりに折る

6.口布にステッチをかける

- 見返しの上下に表からステッチをかける
- 0.3

No.25 ビーズ刺しゅうの丸ハンドル

>>Page.30

【材料】
表布…………古裂　33cm×54cm
　　　　　　クラッシュベロアのグレイッシュグリーン(和泉繊維)　92cm×27cm
中袋…………サテンのピンク(ニクルス)　62cm×64cm
接着芯………仮接着芯(クロバー)　74cm×54cm
持ち手………直径15cm籐の丸ハンドルの黒(ルミネ)　1組
刺しゅう糸…黒　適宜
ビーズ………丸小ビーズの白とダークブルー　各適宜

●製図と裁ち方
縫い代はすべて1cm
☐は仮接着芯を貼る

表布…古裂
あき止まり 6　4.5
25
本体6枚
11
33 × 54

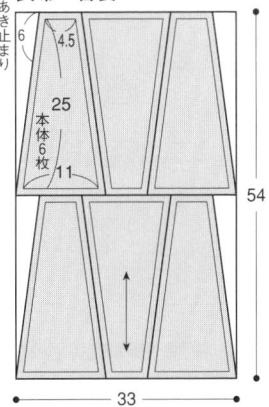

表布…ベロア(逆毛)
あき止まり 6　4.5
25
本体6枚
11
6
18　口布2枚
92 × 27

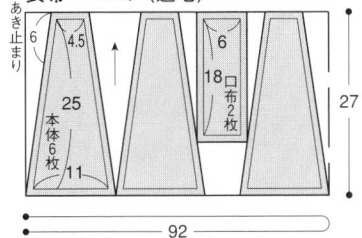

中袋…サテン
表布の型紙を6枚つき合わせて裁断する
62 × 64

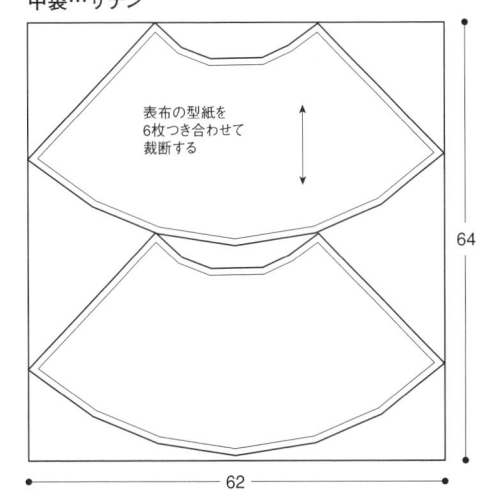

1. 表布をはぎ合わせる
古裂とベロアを交互にはぎ合わせ、縫い代は割る
はぎ目に刺しゅう糸2本どりでフェザーステッチ(p.45参照)をし、ビーズをつける
(古裂側がダークブルー、ベロア側が白)

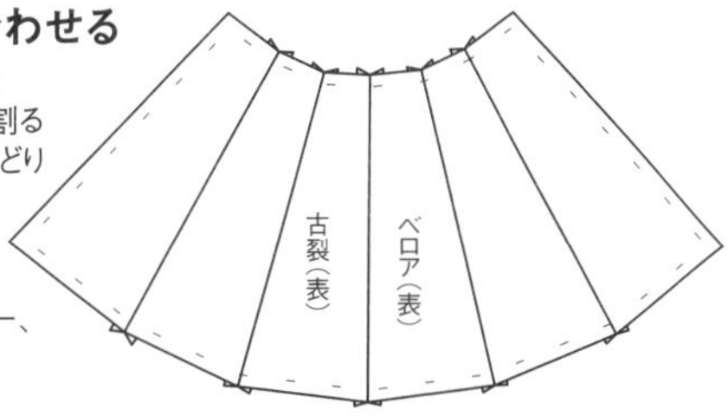

古裂(表)　ベロア(表)

2. 表布の脇と底を縫う
②中表に合わせ、あき止まりまで脇と底を縫う

本体(裏)

①前後表布の底をそれぞれぐし縫いし、ギャザーを寄せて55cm長さに縮める

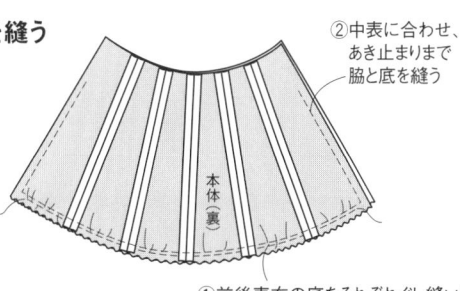

3. 中袋の脇と底を縫う
4. 表布と中袋を縫い合わせる

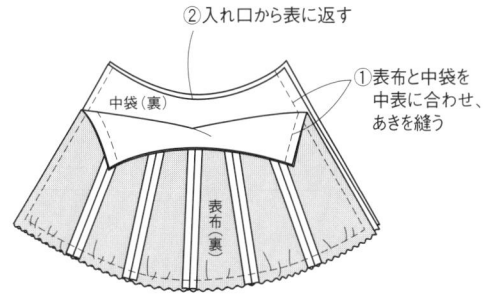

②入れ口から表に返す
①表布と中袋を中表に合わせ、あきを縫う

中袋(裏)
表布(裏)

5. 口布と持ち手をつける

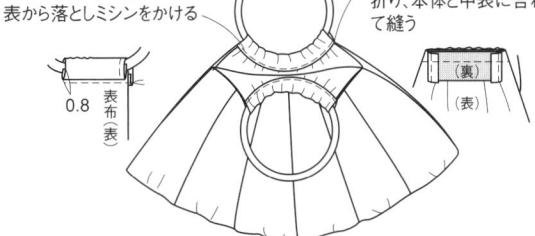

①本体の入れ口をぐし縫いしてギャザーを寄せ、口布の寸法に合わせる
口布の両端をでき上がりに折り、本体と中表に合わせて縫う

②口布に持ち手を通し、表から落としミシンをかける

0.8　表布(表)　(裏)(表)

No.26 グラニー

>>Page.31

【材料】
表布……………古裂　34.5cm×72cm
中袋……………シルクシャンタンのピンク　53cm×55cm
接着芯…………仮接着芯（クロバー）　78cm×72cm
グログランリボン……3.5cm幅の茶色　156cm

● 製図と裁ち方
（　）内は縫い代、指定以外は1cm
□は仮接着芯を貼る

表布…古裂

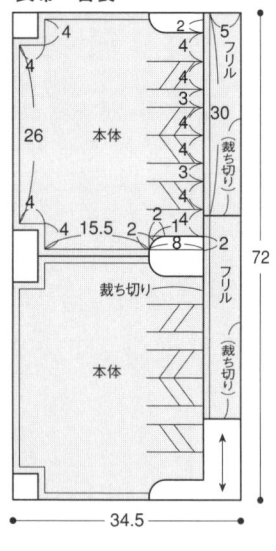

中袋…シャンタン

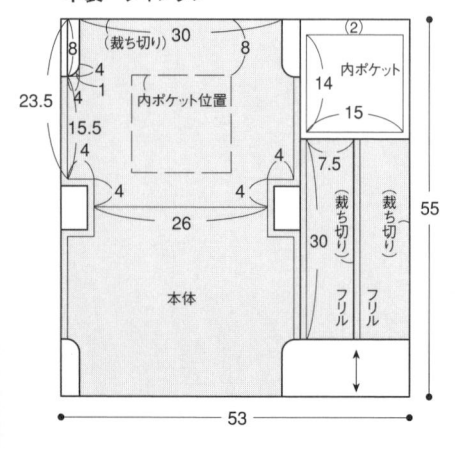

1. 表布の脇、底、まちを縫う
①脇と底を縫い、縫い代は割る
②まちを縫う

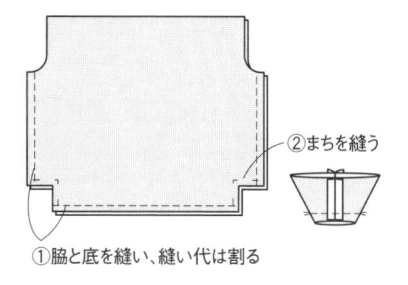

2. 表布と同様に中袋を縫う
①内ポケットをつける（p.44参照）
②脇と底を縫い、縫い代は割る
③まちを縫う

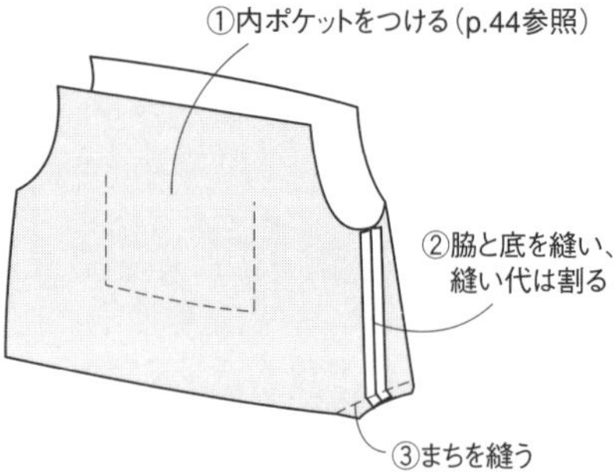

3. タックをたたむ
①表布と中袋を外表に合わせる
②2枚いっしょにタックをたたむ
③入れ口を仮り止めする

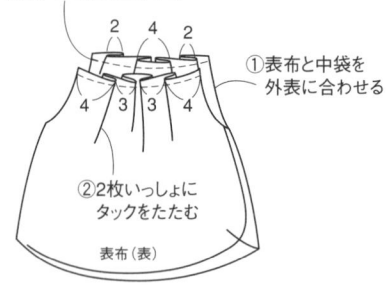

4. フリルを作る
①フリルの端を三つ折りにしてステッチをかける
②2枚重ねて粗ミシンをかける
③糸を引いてギャザーを寄せ、14cm長さにする

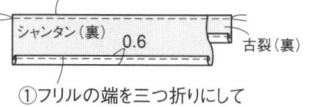

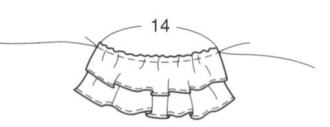

5. 口の始末をする
本体にフリルを重ね、グログランリボンを二つ折りにして入れ口をくるみ、ステッチをかける

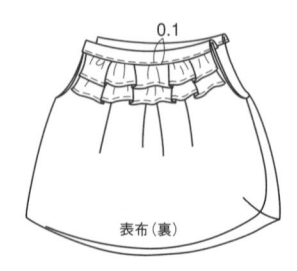

6. 持ち手をつける
グログランリボンの持ち手部分の裏に接着芯を貼る
①グログランリボンを二つ折りにしてステッチをかける
②縫い始めをまつる（p.44参照）

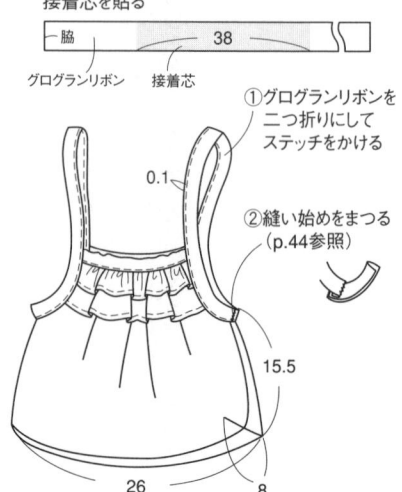

No.27 a〜e

>>Page.31

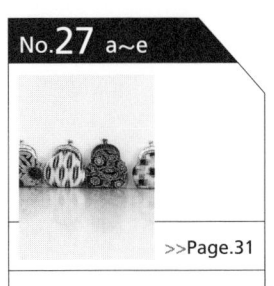

ベビーがま口

【材料】
表布 ………… 古裂　各17cm×8cm
中袋 ………… シルクシャンタンのえんじ色　各17cm×8cm
キルト芯 …… 各17cm×8cm
口金 ………… 5cm幅×4.3cm高さ(ルミネ)のゴールド・シルバー・ブラック　いずれかを1個
ビーズ ……… 各適宜

● 実物大型紙と裁ち方
(　)内は縫い代、指定以外は1cm

表布…古裂　　中袋…シルクシャンタン

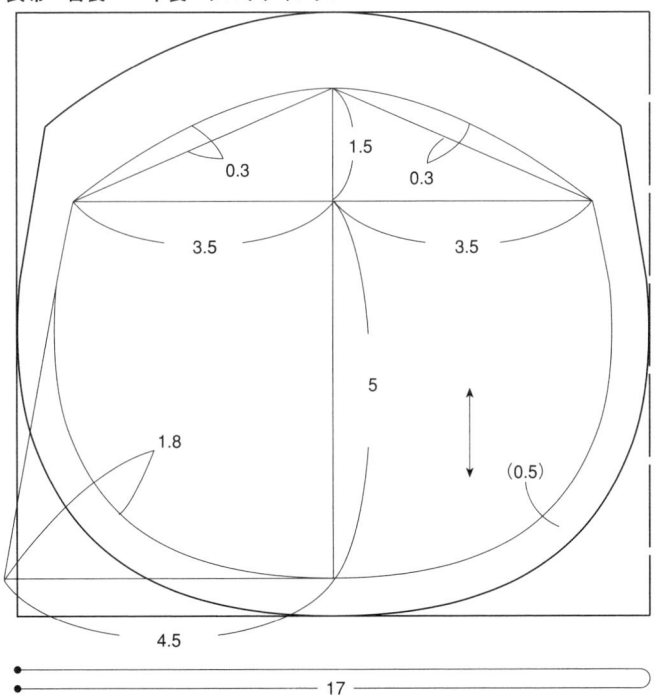

0.3　1.5　0.3
3.5　3.5
1.8
5
(0.5)
4.5
8
17

1. 表布にキルト芯を貼る

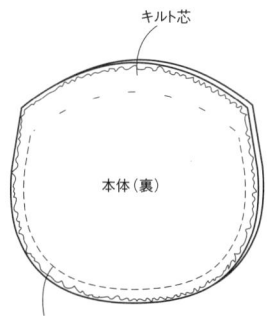

キルト芯
本体(裏)

表布の裏にキルト芯を重ね、中表に合わせてまわりを縫う

2. 中袋を縫う

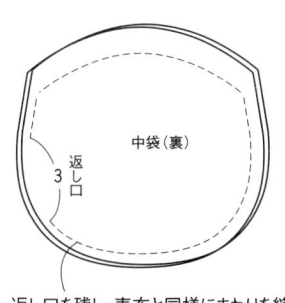

中袋(裏)
返し口
3

返し口を残し、表布と同様にまわりを縫う

3. 入れ口を縫う

①表布と中袋を中表に合わせ、入れ口を縫う

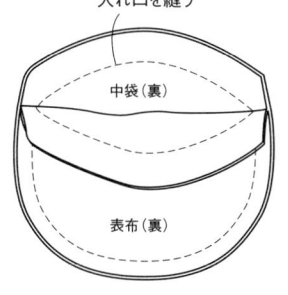

中袋(裏)
表布(裏)

②返し口から表に返し、返し口をまつる(p.44参照)

4. 口金をつける

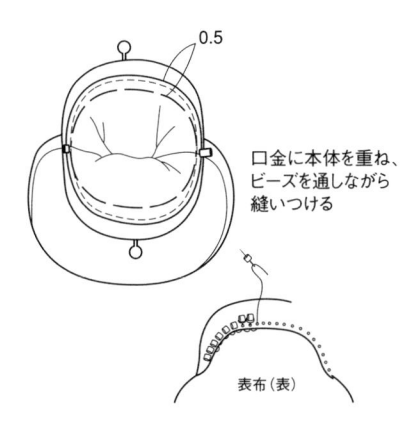

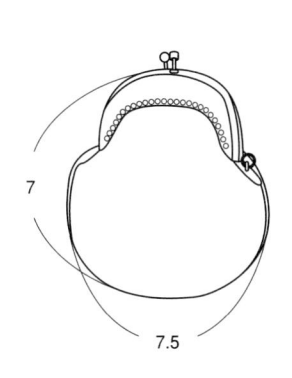

0.5

口金に本体を重ね、ビーズを通しながら縫いつける

表布(表)

7
7.5

No.28

>>Page.32

花とグリーンの合皮

【材料】
- 表布………古裂　35cm×46cm
- 合皮のグリーン（ニクルス）　31cm×92cm
- 中袋………綿のストライプ　64cm×46cm
- 接着芯………古裂／仮接着芯（クロバー）　35cm×46cm
- 合皮／低温用接着芯（クロバー）　26cm×92cm
- リボン………1.3cm別珍のえんじ色　64cm
- 結びひも……レザー調コードの黒（クロバー）　80cm

●製図と裁ち方
（　）内は縫い代、指定以外は1cm
■は仮接着芯、▨は低温用接着芯を貼る

表布…古裂
- 本体　20.7 × 33
- 本体
- 35 × 46

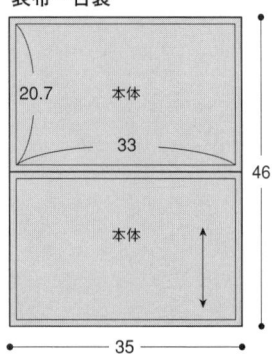

表布…合皮
- 持ち手　3　30
- 側面　12 / 20.7 / 37.2
- 底　16.5
- 見返し　5 / 33 / 6
- 45
- 31 × 92

中袋…綿のストライプ
- 中袋　15.7
- 返し口10
- 内ポケット（2）　11 / 15
- 6
- 底　33
- 45
- 64 × 46

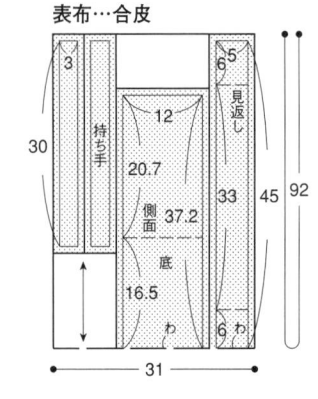

1. 本体と側面を縫い合わせる
①前本体と側面を中表に合わせて縫う
※後ろ本体も同様に縫う
※側面の角の縫い代に切り込み

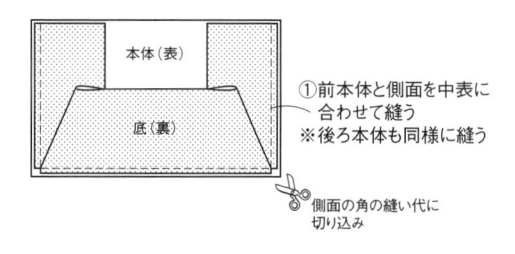

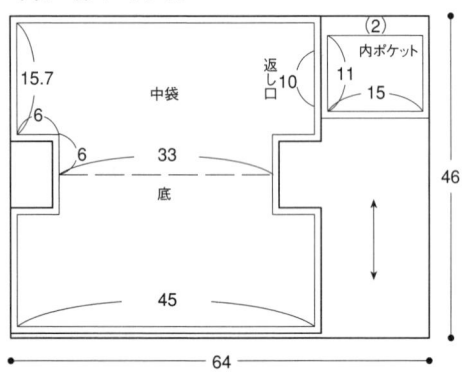

2. 本体に持ち手をつける
- 13
- 本体（表）
- ②持ち手と結びひもを仮り止めする
- ①持ち手を縫う
- 表持ち手にリボンをつける
- 2枚を中表に合わせて縫う
- 0.2
- 表に返してステッチをかける

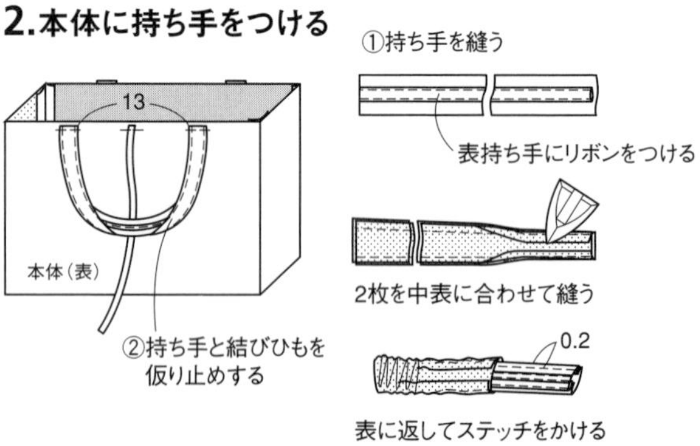

3. 中袋を縫い、表布と縫い合わせる
①内ポケットをつける（p.44参照）
- 2 / 1 / 0.1
- 中袋（表）
- ⑥表布と見返しを中表に合わせ、入れ口を縫う
- ④見返しの脇を縫う
- ⑤中袋と見返しを縫い合わせる
- 返し口10
- ②中袋の脇を縫う
- ③まちを縫う
- 中袋（裏）

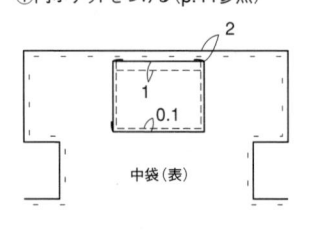

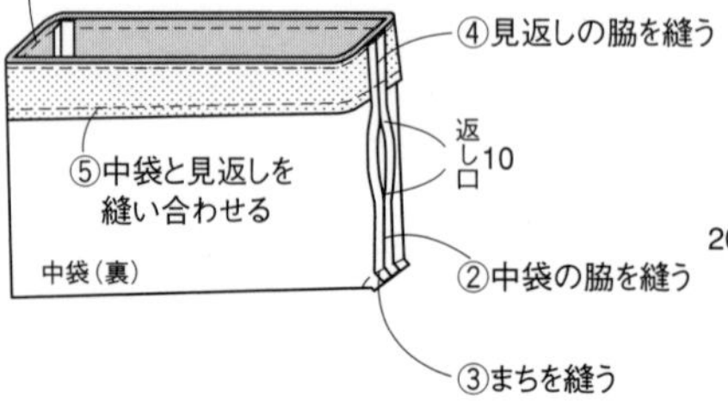

4. 返し口から表に返し、返し口をまつる
- 0.2
- 20.7
- 33
- 12

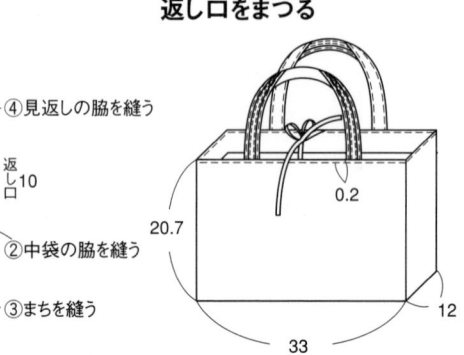

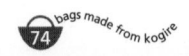

No.29 ショルダーボルスター

>>Page.33

【材料】
- 表布……………古裂　32cm×53cm
- ひも……………合皮の紫　15cm×118cm
- 中袋……………サテンの青（ニクルス）　46cm×39cm
- 接着芯…………古裂／仮接着芯（クロバー）　32cm×53cm
  - 合皮／低温用接着芯（クロバー）　15cm×118cm
- Dかん …………30mm幅のアンティークゴールド（クロバー）　2個
- 並ナスかん ……30mm幅のアンティークゴールド（クロバー）　2個
- ファスナー……30cm長さのグレー　1本
- 毛糸……………適宜

●製図と裁ち方
（　）内は縫い代、指定以外は1cm
▓ は仮接着芯、
▒ は低温用接着芯を貼る

表布…古裂
- 本体　37×30　53×32
- 側面　12

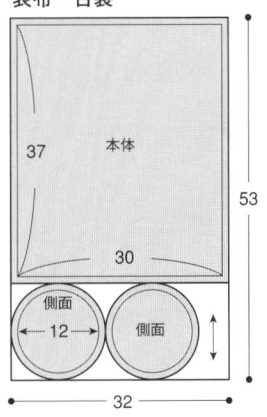

中袋…サテン
- 本体　37×30　39×46
- 側面　12

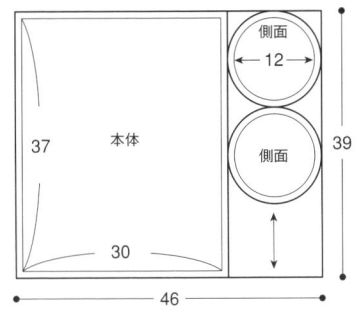

ひも…合皮
- (3)　3
- 40
- パイピングコード
- 112　118
- 6　3
- Dカン通し
- 15

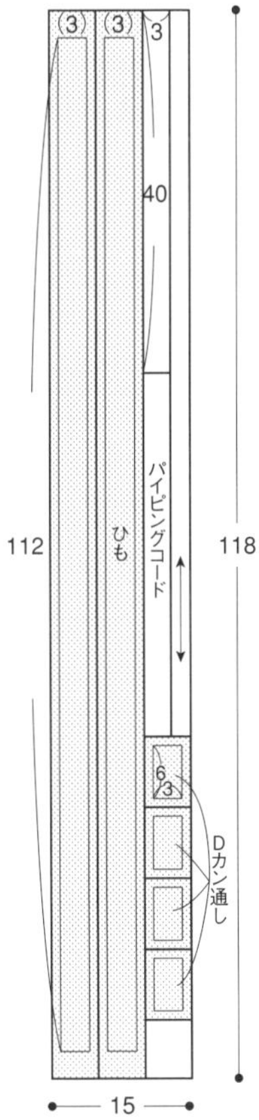

1. 表布にファスナーをつける
入れ口をでき上がりに折り、ファスナーにのせてステッチをかける

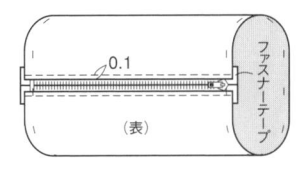

2. Dかん通しを作る
①でき上がりに折り、2枚重ねてステッチをかける 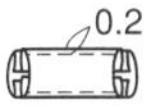
②二つ折りにしてDかんを通し、つけ側を仮り止めする 

3. 表布にDかん通し、パイピングコードを仮り止めする
①3cm幅の合皮を二つ折りにし、ステッチをかける
②毛糸を通す
③Dかん通し、パイピングコードを仮り止めする
④パイピングコードを底ではぐ

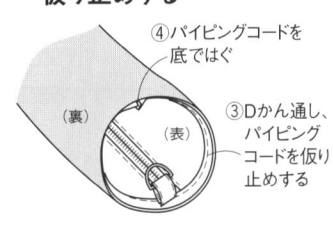

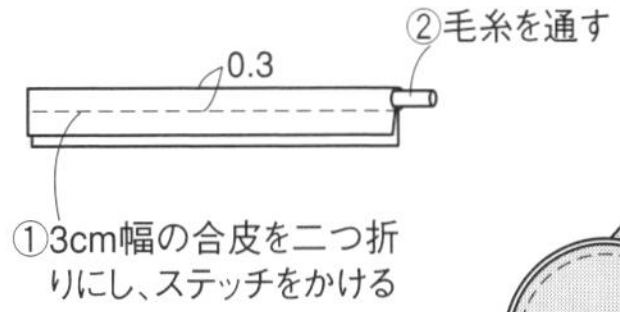

4. 本体と側面を縫い合わせる
①ファスナーをあける
②本体と側面を中表に合わせて縫う
③入れ口から表に返す

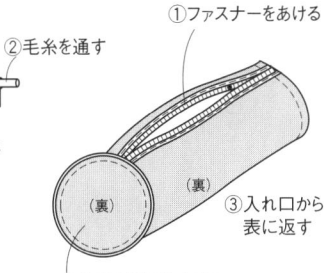

5. 中袋を縫う
①入れ口を折る
②本体と側面を中表に合わせて縫う

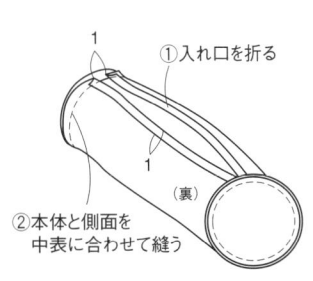

6. 中袋の入れ口をファスナーにまつる
中袋を表に返し、表布と外表に合わせ、入れ口をまつる（p.44参照）

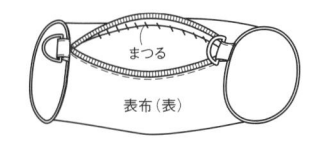

7. ひもをつける
①ひもを作る
でき上がりに折り、2枚重ねてステッチをかける
②並ナスかんにひもをつける

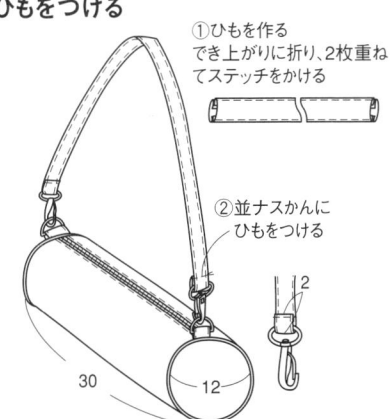

No.30

>>Page.34

ベルトつき ぺたんこショルダー

【材料】
- 表布･･････････････古裂　33cm×93cm
- ひも･･････････････綿のえんじ色（ニクルス）　10cm×98cm
- 中袋･･････････････シャンタンのグレー（和泉繊維）　40cm×121cm
- 接着芯････････････仮接着芯（クロバー）　43cm×98cm
- バックル・先止めセット･･････20mmのアンティークゴールド（クロバー）　1組
- ハトメ････････････内径5mmアンティークゴールド（クロバー）　7個

●製図と裁ち方

( )内は縫い代、指定以外は1cm
▨は仮接着芯を貼る

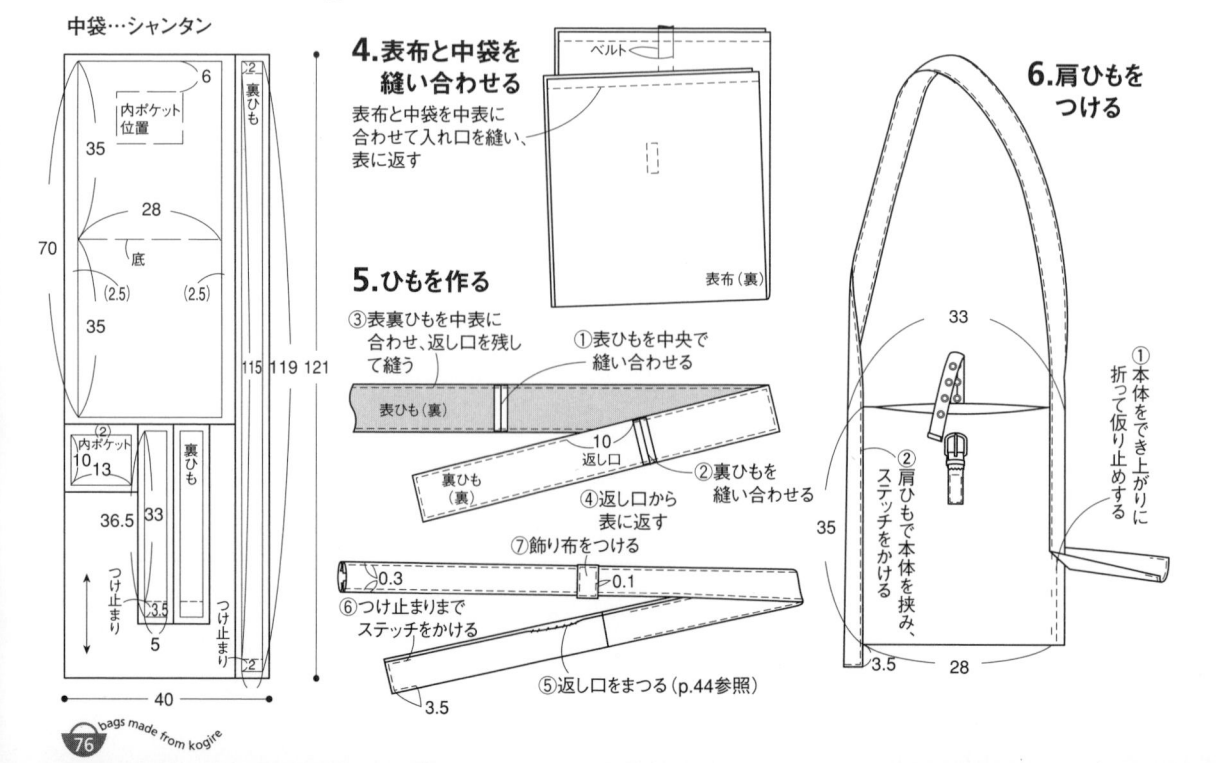

1. ベルトを作る

① 中表に二つ折りにして縫う

② 縫い代を割って表に返し、縫い目が中央になるようにアイロンで整える

③ それぞれにハトメと先止め、バックルをつける

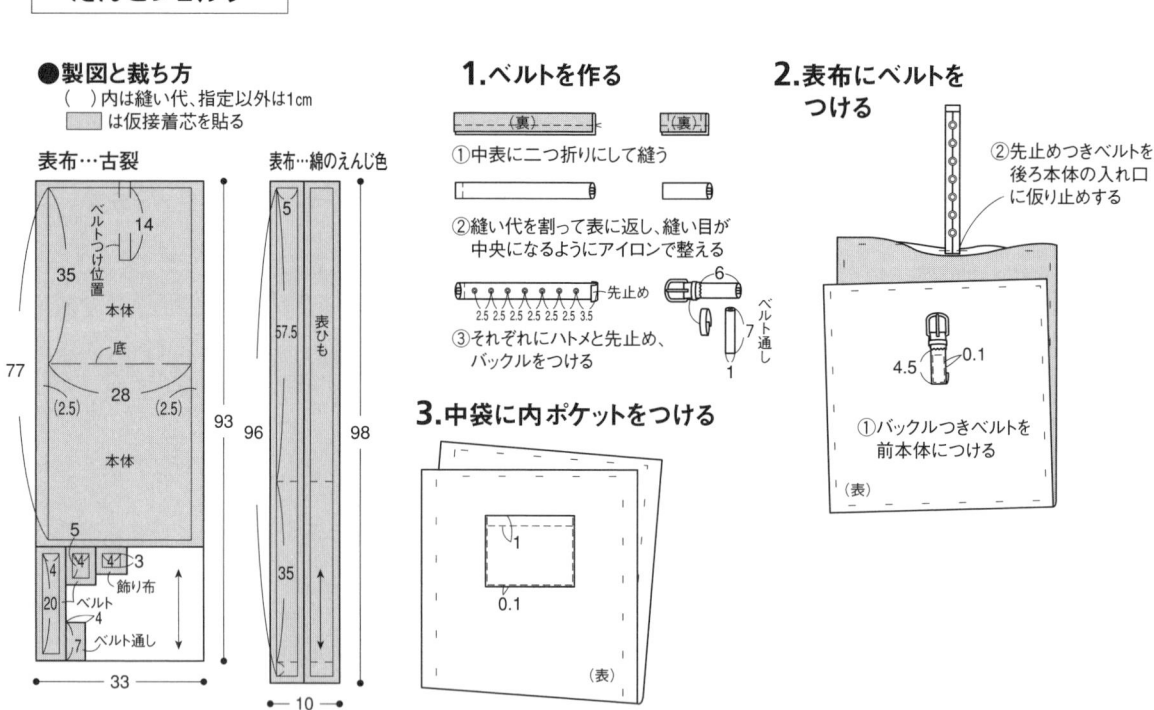

2. 表布にベルトをつける

① バックルつきベルトを前本体につける

② 先止めつきベルトを後ろ本体の入れ口に仮止めする

3. 中袋に内ポケットをつける

4. 表布と中袋を縫い合わせる

表布と中袋を中表に合わせて入れ口を縫い、表に返す

5. ひもを作る

① 表ひもを中央で縫い合わせる

② 裏ひもを縫い合わせる

③ 表裏ひもを中表に合わせ、返し口を残して縫う

④ 返し口から表に返す

⑤ 返し口をまつる（p.44参照）

⑥ つけ止まりまでステッチをかける

⑦ 飾り布をつける

6. 肩ひもをつける

① 本体をでき上がりに折って仮止めする

② 肩ひもで本体を挟み、ステッチをかける

No.31 4つの水玉

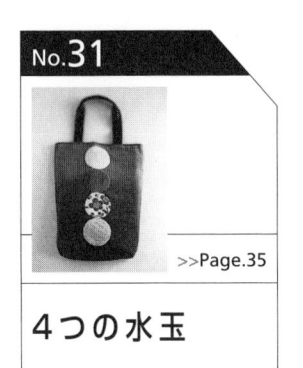

>>Page.35

【材料】
表布………古裂　32cm×97cm
飾り布………古裂　各10cm×10cm
持ち手………合皮の黒　16cm×42cm
中袋………綿の水玉　50cm×71cm
接着芯………仮接着芯（クロバー）　48cm×71cm
　　　　　　薄地用接着芯（クロバー）　74cm×42cm
　　　　　　低温用接着芯（クロバー）　16cm×42cm

●製図と裁ち方
（　）内は縫い代、指定以外は1cm
▨ は仮接着芯、
▧ は薄地用接着芯、
▨ は低温用接着芯を貼る

表布…古裂 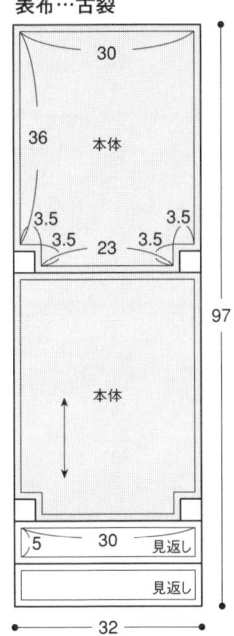
飾り布…古裂 
持ち手…合皮 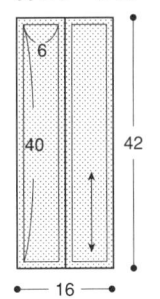
中袋…綿の水玉

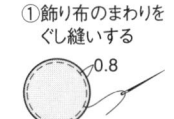

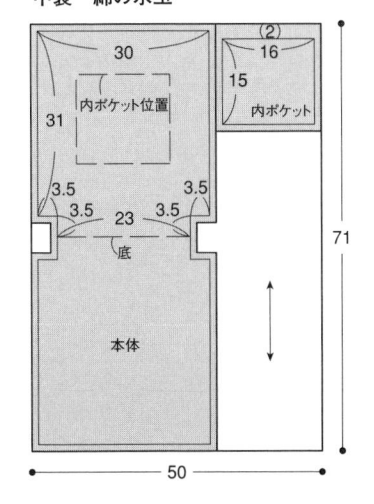

1. 表布にアップリケをする
① 飾り布のまわりをぐし縫いする
② 直径8cmの型紙（厚紙）を入れて糸を引き、アイロンで形を整える　型紙ははずす
③ 表本体にまつる（p.44参照）

2. 脇と底を縫う
① 脇を縫って縫い代を割る
② 底を縫って縫い代を割る
③ まちを縫う

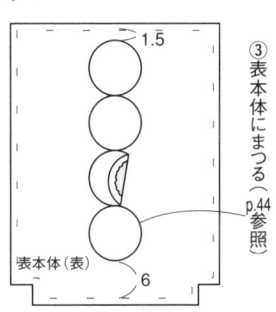

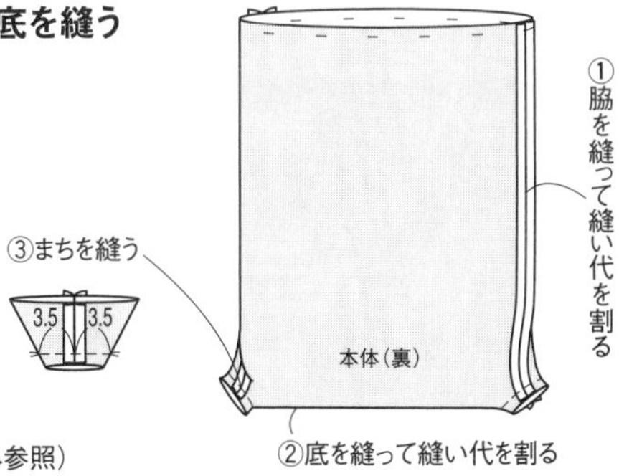

3. 中袋を作る
① 内ポケットをつける（p.44参照）
② 中袋と見返しを中表に合わせて縫う
③ 脇を縫う
④ まちを縫う

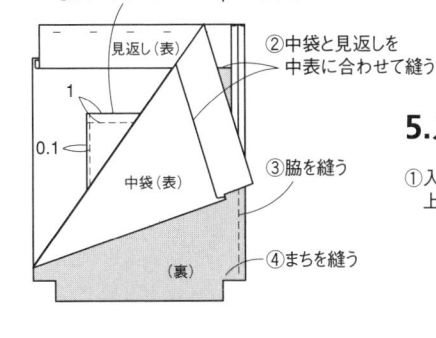

4. 持ち手を作る
① でき上がりに二つ折りにし、表からステッチをかける
② 中央をさらに二つ折りにしてステッチをかける

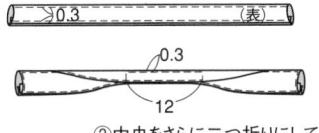

5. 入れ口を縫う
① 入れ口をでき上がりに折る
② 持ち手を表布に仮り止めする
③ 表布と中袋を外表に合わせ、入れ口にステッチをかける

bags made from kogire

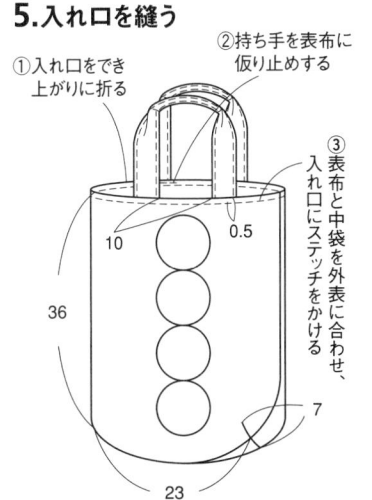

No.32 a b タックの半円バッグ

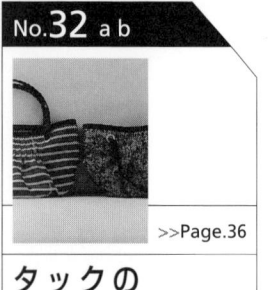

>>Page.36

【材料】
表布……………古裂　各28cm×94cm
中袋……………サテン(ニクルス)のa赤・b水色　各47cm×56cm
接着芯…………仮接着芯(クロバー)　各65cm×47cm
パイピングテープ……5cm幅サテンバイアステープの黒　各92cm
持ち手…………20mm幅編み込みベルトの黒(クロバー)　各120cm
ハトメ…………内径1.2cmのシルバー　各4個

●製図と裁ち方
( )内は縫い代、指定以外は1cm
▨は仮接着芯を貼る

表布…古裂
- 縁取り位置 1.5
- 本体 27 / 22.5 直径45cmの半円
- 45
- (裁ち切り) 4.5
- 94
- 28

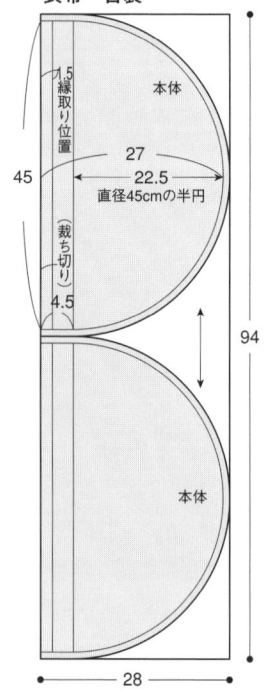

中袋…サテン
- ●=2.4　○=3.5
- 4.5　9　7
- 本体 27 / 22.5 直径45cmの半円
- (裁ち切り)
- 56
- 47

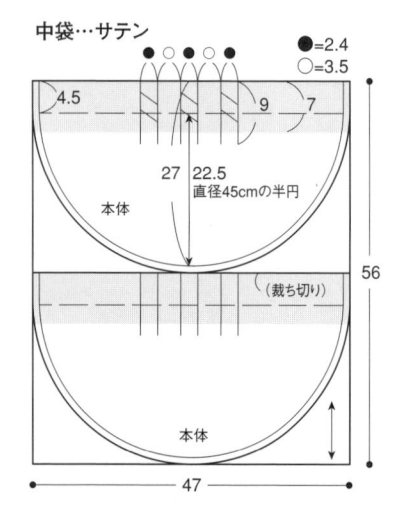

1. 表布にピンタックを縫う
0.4　1.5　中央
(表)
①指定の位置に9本ピンタックをとり、ステッチをかける　縫い止まりは返し縫いにする
②矢印の方向に倒す
※後ろ本体も同様に縫う

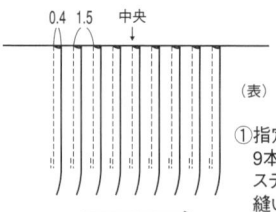

2. 底を縫う
②前後表布を中表に合わせてまわりを縫う
(裏)
35
①ぐし縫いをし、糸を引いて25cmになるように縮めてギャザーを寄せる

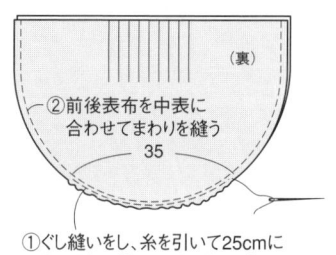

3. 中袋を縫う
①タックを縫う
3.5
1.2　9
③前後中袋を中表に合わせて縫う
(裏)
②表布と同様にギャザーを寄せる

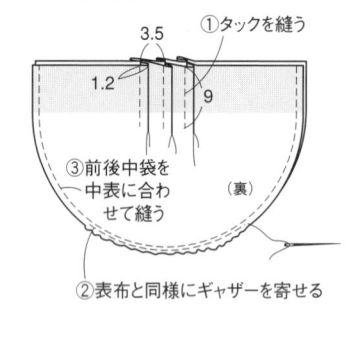

4. 口の始末をする
カット
①バイアステープを縫い合わせて輪にする
②表布と中袋を外表に合わせ、表布とバイアステープを中表に合わせて入れ口を縫う 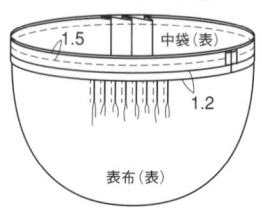
1.5　中袋(表)
1.2
表布(表)
③入れ口をくるむようにしてでき上がりに折り、表からステッチをかける
0.1

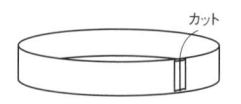

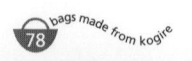

5. 持ち手をつける
37.8
27
18
①ハトメをつける
②編み込みベルトの先端にテープを巻いてハトメに通す 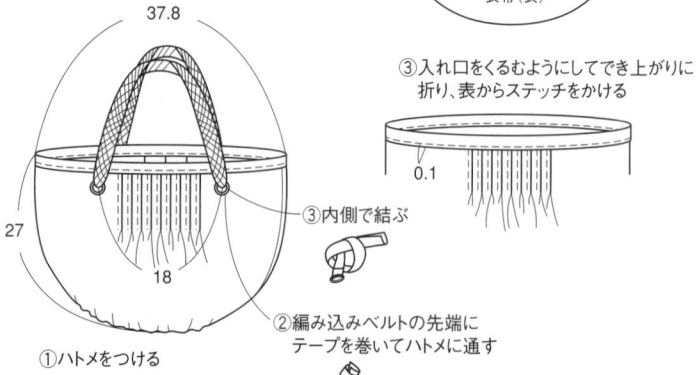
③内側で結ぶ

No.33 紫のフラットバッグ

>>Page.37

【材料】
表布………古裂A　24cm×52cm
　　　　　古裂B・C　各8cm×52cm
　　　　　合皮の紺（ニクルス）　56cm×44cm
中袋………シャンタンのグレー　49cm×56cm
接着芯……古裂／薄地用接着芯（クロバー）　40cm×52cm
　　　　　合皮／低温用接着芯（クロバー）　56cm×30cm
ビーズ……各種適宜
刺しゅう糸…適宜

●製図と裁ち方
（ ）内は縫い代、指定以外は1cm
▦は薄地用接着芯、▨は低温用接着芯を貼る

表布…古裂A
6 / 25 / 50 / 52 / 24　本体／底わ

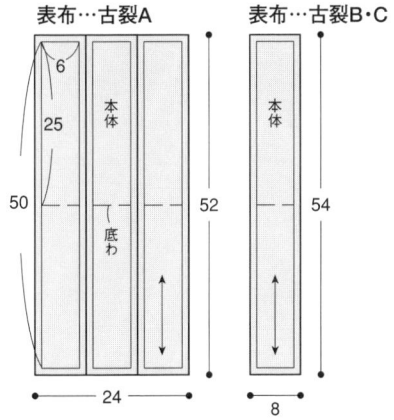

表布…古裂B・C
54 / 8

表布…合皮
10 / 30 口布 / 4
28 持ち手
8 / 30 見返し
見返し
44 / 56

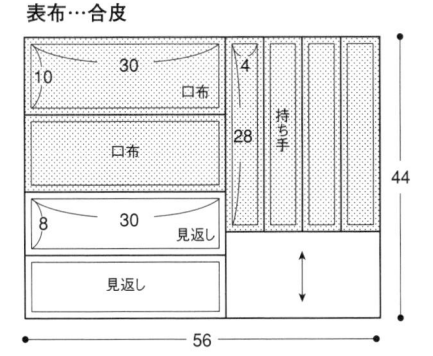

中袋…シャンタン
30 / 5 / (2.5)
27 内ポケット位置 / 15 / 14 内ポケット
54 本体 底わ
56
49 / 30

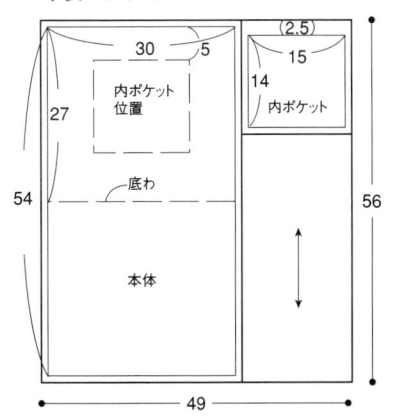

1.表布を作る
古裂をはいで縫い代を割る

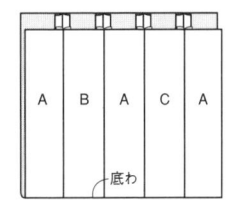

A B A C A
底わ

※はぎ目に刺しゅう糸2本どりでヘリンボーン・ステッチをし、ビーズをつける（p.45参照）

2.本体と口を縫い合わせ、脇を縫う
①本体と口布を中表に合わせて縫う
口布（裏）
（裏）
②中表に二つ折りにし、脇を縫う

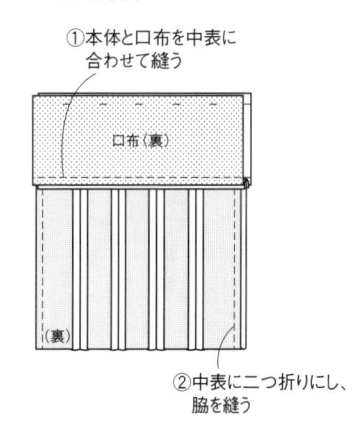

3.中袋を縫う
②中袋と見返しを中表に合わせて縫う
見返し（裏）
①内ポケットをつける（p.44参照）
③中表に二つ折りにし、脇を縫う
底わ　（裏）

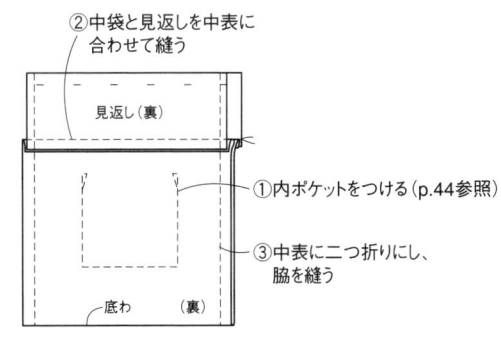

4.入れ口を縫う
①持ち手を作る
でき上がりに折り、2枚重ねてステッチをかける
10
中央をさらに二つ折りにしてステッチをかける
0.2 / 9
②表布と中袋の入れ口をでき上がりに折り、外表に合わせて持ち手を挟み、ステッチをかける
35 / 30

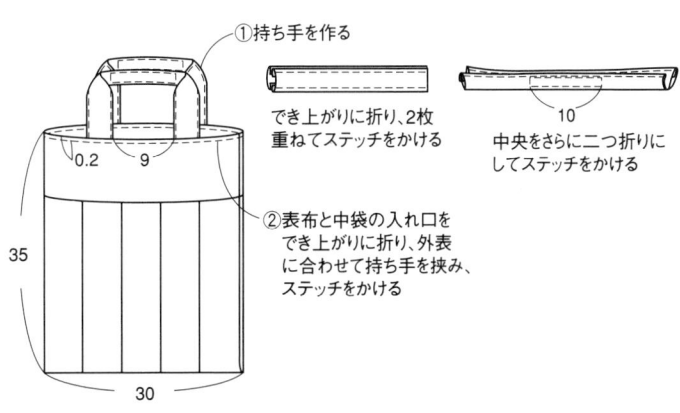

渡部サト　Sato Watanabe

手づくり派。
1971年、いわき市生まれのイワキジェンヌ。
文化服装学院情報科卒業。
作家名(渡部サト)は、手づくりの師匠である祖母から。
初めての手づくりは小学校低学年。花模様の生地で作った、手縫いのふたつきポーチ。
「シンプルさのなかにほんの少し個性をプラスする、さり気ない格好良さ」がデザイン信条。

staff

撮影●南雲保夫
ブックデザイン●八文字則子
作り方原稿整理●小島恵子
手づくり協力●湯本美江子、今井歌子、
　　　　　　　新妻理恵、須崎Kuu、喜里江
編集＆スタイリング●坂本敦子

【素材提供】
・用具＆材料・
クロバー株式会社 お客様係
〒537-0025　大阪市東成区中道3-15-5
tel. 06-6978-2277

・生地・
和泉繊維株式会社 日本橋店
〒103-0011　東京都中央区日本橋大伝馬町7-9 サンウェルビル
tel. 03-3249-8201

株式会社ニクルス 大阪事業部
〒578-0981　大阪府東大阪市島之内2-9-30
tel. 0729-64-1188

・持ち手・
株式会社ルミネ
〒601-8333　京都市南区吉祥院東浦町6-1
tel. 075-672-9266

【撮影協力】
・Tables「driade-CUGINO」(p.18-19)
　　　　「driade-MIRTO」(p.22-23)
・Chairs「driade-BO」(p.32-33)
　　　　「driade-TOY」(p.32-33)
ダ・ドリアデ 青山
〒107-0062　東京都港区南青山3-16-3
tel.03-5770-1511　http://www.driade.co.jp

・Tables「artek-82A」(p.2-3、p.6-7、p.14-15、p.31)
・Chairs「artek-65」(p.6-7)
　　　　「artek-K65」(p.10-11、p.38-39)
　　　　「zanotta-Zilli」(p.12-13)
ヤマギワリビナ 本館
〒101-0021　東京都千代田区外神田1-5-10
tel.03-3253-5111　http://www.yamagiwa.co.jp

シンプルで愛しい
古裂(こぎれ)のバッグ

2003年11月10日　初版印刷
2003年11月20日　初版発行

著　者　渡部サト
発行者　若森繁男
発行所　株式会社 河出書房新社
　　　　〒151-0051
　　　　東京都渋谷区千駄ヶ谷2-32-2
　　　　電話　03-3404-8611(編集)
　　　　　　　03-3404-1201(営業)
　　　　http://www.kawade.co.jp/

印　刷
　　　　凸版印刷株式会社
製　本

© Sato Watanabe 2003 Printed in Japan

ISBN 4-309-26702-5

定価はカバーに表示してあります。
落丁・乱丁本はお取替えいたします。
本書の無断転載(コピー)は著作権上での例外をのぞき、禁止されています。